仕事で差がつく！

論理力は小学6年間の国語で強くなる

中学受験専門のプロ個別指導教室SS-1代表
中学受験情報局『かしこい塾の使い方』主任相談員

小川大介
Daisuke Ogawa

かんき出版

【小学校国語の目標】

国語を適切に表現し正確に理解する能力を育成し、伝え合う力を高めるとともに、思考力や想像力及び言語感覚を養い、国語に対する関心を深め国語を尊重する態度を育てる。

文部科学省「小学校学習指導要領」（平成20年3月）より

まえがき

そもそも「論理力」って、どういうこと？

あなたは、「論理的に説明してもらえますか」とか、「合理的に考えるとどうなるかな？」と求められると、心がウキウキしてきて「よし、まかせてください！」という気分になる人ですか？

もしそうなら、この本はあまりお役に立てないかもしれません。

でも、**もしあなたが「論理的」という言葉を聞いただけでストレスに感じたり、苦手意識を持ったり、論理的に話そうとすると肩に力が入ったり、「考える」ことを考えるだけで疲れてしまったりすることがあるなら、この本はきっとお役に立つと思います。**

「え〜、論理的って、難しいことをやらないといけないんじゃないの？」

「面倒なのは嫌なんだけど」

と思うかもしれません。それも、大丈夫です。

だって、あなたは小学校を卒業しましたよね？

小学校で6年間、国語の授業を受けましたよね？


でしたらまったく心配ありません。

あなたは十分に論理的で、上手に考えることのできる人、つまり論理力を持った人だということを、これから私と一緒に思い出していってくださればいいのです。


しかし、この「論理力」という言葉は、必要以上に難しい印象を与えてしまいますよね。子どもでなくとも「もうダメ……」とギブアップしてしまいそうなイメージを抱かれる方は多いでしょう。

日常生活でもよく使われる言葉なのに、実はいまひとつ意味がわからないということもありそうです。

論理力を簡単に言えば、他人から「なぜ?」「どうして?」「どこからその話が出てきたの?」「腑に落ちないよ」というような突っ込みを入れられずに、自分の話を聞き入れてもらえるかどうか、という力です。

「なるほど!」「納得した!」と言ってもらえたら、その文章や話し方は「論理的」だということになります。

それだけのことです。**難しく考える必要はありません。自分が今伝えようとしていることが、相手にスッと伝われば、あなたは論理力のある人**なのです。

「国語力」はすべての土台

小学校の国語の教科書は、物事を筋道立てて考える力、相手の意図をつかみながら聞く力、計画的に話し合う力、自分の考えが正確に伝わるように順序立てて話し、書く力が養われるようにできています。まさに「論理力」です。

「へ～、今の国語の教科書はそんなにレベルが高いのか～」と思われた方、今に始まったことではありません。あなたが小学生のときも、論理力を育てる要素が国語の教科書にはきっちり入っていたのです。

小学生のときに意識していたかどうかは別にして、あなたも国語の教科書で「論理力」を磨いていたのは間違いありません。

「そうかなぁ？　自分に論理力があるとはとても思えないんだけど……」
「いやいや、論理力がないからこの本を開いたのに、小学生のときに習っていたなんて、いい加減なこと言わないでほしいよ！」

と感じる方もいらっしゃるかもしれません。

たしかに、学校の授業中に「今、論理力を鍛えるトレーニング中だぞ」と先生が言ってくれたわけではないでしょうから、実感がないのは当然です。

でも、あなたが小学校生活を過ごす上で、知らず知らずのうちに論理力トレーニングを受けていて、あなたの頭の中には、論理的な思考法も、論理的な表現のポイントも収まっていることは紛れもない事実です。

もし自分のことを、「論理力が足りない」、「説得力のある話し方ができない」、「言いたいことがうまく伝わらない」と感じていたとしても、大丈夫です。

それは、もともと身についていた力をうまく引き出せていないだけ。使い方を少し練習すれば、すぐに使えるようになります。

また、小学校を卒業してさまざまな経験を積む中で、物事を複雑に捉えるクセがついてしまったという人も少なくないでしょう。

そうして、本当はごく単純なことでしかない「論理力」というものを、とても難しいもののように感じるようになった人は、ずいぶん多いようです。

そういう人も、基本の基本に戻れば、論理的な力が今よりずっとラクに使えるようになります。

本書はそういった、「自分には論理力が欠けている」と自信をなくしている人や、

「論理力ってなんだか難しそうなんだよな」と感じている人に向けて書きました。

社会に出て求められるビジネススキルや人間的魅力は、小学生でならう「国語力」が土台になっています。つまり、国語の勉強は、将来、子どもが大人になったときの幸福にもつながる、人間の本質的な力を伸ばすものなのです。

あなたはすでに論理的

大人になるにつれてごちゃごちゃになっていった頭を1回リセットして、みなさんが論理力をあっさりと一から組み立て直せるように、これから小学校の授業まで立ち戻ってお話ししていきます。

小学校に合わせて、この本も、1時間目から5時間目までの時間割で構成してみました。

1時間目は、**「論理力」全体に関してのオリエンテーション**です。論理力とはどういったものなのか、全体像を見ていきます。

①把握　②思考　③伝達の3ステップで、誰でも論理的になれるということを説明していきます。

2時間目は、**「把握」の授業**です。論理的になるための第1ステップである「把握」について詳しく見ていきます。

多くの人が『考える』だと思っていることの大半は、実は情報を『把握する』段階なのです。適切に把握できれば、世間一般の『考える』はほとんど完了したと言っていいでしょう。

ですから本書では、じっくりと把握に取り組んでいただきます。これができれば、あなたはすでにかなり論理的な人になっています。

3時間目は、**「思考」の授業**です。論理的に「考える」には、どうするのがいいのでしょうか。

「考えるのは苦手！　頭の中が混乱してきて、何をしてるのかわからなくなってしまう」と感じている人には、特に出席していただきたい授業です。

「考える」ことにもシンプルなやり方があります。それを知りさえすれば、あなたもばっちり論理的に考えられる人に今日からなれます。

4時間目は、「伝達」の授業です。自分の伝えたいことが、相手にすっきりと伝わってこその論理力です。「よし、理屈は完璧だ！」と、自分一人で納得していても意味がありませんよね。

この授業では、「伝える」ではなく、「伝わる」ことを大切にしていきます。自分が伝えたい内容が、より簡単に、より効果的に、相手に伝わる力を磨いていきましょう。

そして、最後の**5時間目は、「テスト」の時間**です。4時間目までの授業で、みなさんが論理力をどれくらい使えるようになったか、実際の中学入試問題で腕試しをしてみましょう。

いまどきの中学受験はなかなか骨の折れる問題ぞろいなので、楽しんでいただけると思います。学生時代は国語が苦手だった人も、「把握→思考→伝達」の3ステップを踏んでいけば問題が解けていきますから、気楽に取り組んでみてください。

私はこれまで灘中学校、開成中学校をはじめ、いわゆる難関中学へ約３５００人の子どもたちを合格に導き、国語の指導を行ってきました。

今は中学受験を専門とする個別指導教室「ＳＳ－１（エスエスワン）」の代表を務めています。

本書では、中学受験指導のプロとして、小学校段階の学習を熟知している立場から、国語の教科書の力を紹介していきます。

そしてその教科書を使って、みなさんが小学生当時にどんな力を身につけていたのかを思い出していただきます。

「そんな勉強を自分はしていたんだ」
「まったく気づかなかったけれど、たしかにみんなで発表したなぁ」
などと再発見しながら、改めて論理力を磨き直していってください。

なにも難しいことはありません。
あなたはすでに論理的なのですから。

２０１６年５月

小川大介

【論理力は小学6年間の国語で強くなる】目次

まえがき

▼そもそも「論理力」って、どういうこと？ 4
▼「国語力」はすべての土台 6
▼あなたはすでに論理的 9

？1時間目 論理力って何？

▼実はスゴイ！ 国語の教科書 20
▼小学校6年間で学ぶ「論理力を育むステップ」 22
▼東大入試でも最重要視される「国語力」 25
▼国語で身につく三つの力 28
▼国語の教科書はビジネス本に匹敵する 31

2時間目　把握する

▼ビジネスフレームワークは小学校でならっている　38
▼物事の全体を把握する　39
▼有力な情報をつかむ三つのステップ　43
▼知りたい情報にたどり着く近道　49
▼取材は事前の準備が大切　53
▼MECEを使って情報を集める　58
▼なぜMECEが必要なのか？　61
▼MECEの考え方で物語文を読む　64
▼数字の情報は見せ方・読み取り方に注意しよう　66
▼話は一つ、顔はいくつ？　68
▼小学生が使いこなすグラフ・表　72
▼「具体」⇕「抽象」へ情報を行き来させる　77

3時間目　思考する

▼「悩む」と「考える」の違い　84
▼「ひらめき」はどうやって生まれるのか？　86
▼「考える」ために必要な三つのステップ　88
▼なぜ対比思考が必要か？　103
▼論説文で対比思考を鍛える　107
▼物語文は「考える力」を鍛える絶好のツール　112
▼国語のテストで高得点をとれる子、とれない子　118
▼思考を深めるための意見交換　121
▼図表で考えるテクニック　124

4時間目　伝達する

▼SS−1が実践する「声かけメソッド」 130
▼「結論＋説明＋結論」で話は必ず論理的になる 135
▼感情トラブルを避ける話し方 139
▼話し合いはよりよい結論を見つけ出すもの 143
▼「聞く力」がない人は周りを困らせる 148
▼ポジションチェンジで客観視する力を育てる 154
▼リサーチで押さえておくべき二つの情報 160
▼その話は誰に伝えたいのか？ 162
▼相手を知るために必要な二つのリサーチ 166
▼相手を説得する話し方 168
▼論理的な伝達には「思いやり」が不可欠 174
▼相手に応じた言葉を選ぶ 177

▼状況を的確に伝えるための「てにをは」 179
▼伝えにくいことを伝えるには？ 185

5時間目 実践！ あの名門中学受験にチャレンジしよう

▼〈平成26年度〉筑波大学附属駒場中学校入試問題 191
▼〈平成20年度〉開成中学校入試問題 197
▼〈平成24年度〉明治大学付属中野八王子中学校入試問題 211
▼〈平成27年度〉巣鴨中学校入試問題 217

※入試問題の表記は、できるかぎり中学受験問題の表記を残しつつ、便宜上、用語を中心にルビを削除しています。

?

1時間目

▼

論理力って何？

実はスゴイ！　国語の教科書

「小川先生、学校の授業とか宿題とかって正直、ムダですよね？　教科書もなんだかスカスカだし。塾の勉強で忙しいんだから、本当は休ませたいぐらいです！　こんなこと言っちゃいけないのかもしれないけれど、先生だって本当はそう思いません？」

私が代表を務める中学受験専門の個別指導教室で、生徒の保護者がよく口にする言葉です。

中学受験を目指しているわけですから、学校よりも塾での勉強が重要と思われがち。学校の授業なんて簡単なことばかりで、意味がない、時間のムダ。そのように、親も子どもも思っていることが多いのです。

たしかに問題の難しさ、必要な知識の範囲と量について、中学受験用のテキストと学校の教科書とでは大きな差があります。学校の教科書を下に見て、「ムダ」と思ってしまう人がいることも理解はできます。

しかし、私はこう答えます。

「いえ、実はそうでもないんですよ。学校には学校の教科書でしかできない勉強というものがちゃんとあって、塾での学習は学校で学んだ知識や考え方を土台に作り上げられている。そういう一面もあるのですよ。むしろ、教科書の勉強をしっかりとやっておいてもらえると、受験学習でもいいことがたくさんあるんです」

たいていの方は、

「ええっ！　そうなんですか？　それ、本当ですか？？」

と驚かれます。

でも、本当です。

あまり知られていないようですが、学校の教科書って実はスゴイんですよ。

小学校1年生から6年生へ学年が上がるのに応じて、子どもの頭と心も成長し、変化していきますよね。

理解できる内容、使いこなせる知識と概念の範囲が、少しずつ、でも確実に伸び広がっていくわけです。

その子どもたちの成長段階に合わせて、基礎の基礎からできるだけわかりやすく、でも将来につながる重要な力が身につくように、練りに練ってあるのが小学校のカリキュラムであり、教科書なのです。

小学校6年間で学ぶ「論理力を育むステップ」

では、小学校の国語では、6年間でどんなことを学んでいるのでしょうか？
文部科学省の「小学校学習指導要領」から、簡単にご紹介しましょう。
まず**1・2年生では、「事柄の順序を考えながら話す能力」や「大事なことを落とさないように聞く能力」、「話題に沿って話し合う能力」**を学習します。
それが**3・4年生になると、「相手や目的に応じ、調べたことについて、筋道を立**

て話す能力」、**「話の中心に気を付けて聞く能力」**が学習の目標となります。3・4年生といえば、9歳や10歳の子どもたちです。

さらに、高学年の**5・6年生ともなると、「自分の考えを的確に伝える能力」**や**「相手の意図をつかみながら聞く能力」**、**「全体の構成の効果を考えて文章に書く能力」**を学習することになっています。

グローバル化が進み、答えのない問題に対する解決力とコミュニケーション力、プレゼンテーション力が求められている現代において、たしかにどれもこれも必要不可欠な力ばかりです。

でもどうでしょうか？

大学生、社会人の方で、ここに並べられた能力に自信のある人はどれくらいいるでしょう。

今この本を開いているあなたは、いかがですか？　自信はありますか？

学年	論理力を育むステップ
小1	主語、述語を中心に文の基本構造を学ぶ。
小2	時系列の感覚と対比思考の基礎を学ぶ。
小3	情報の収集と発表の基礎を練習する。
小4	情報を整理し、根拠をもった意見交換を行う。
小5	相手の気持ちや考えを理解し、自らの考えを論理的かつ円滑に伝える基礎を学ぶ。
小6	自分を客観視する力と効果的な表現手法により、論理的コミュニケーション力を高める。

「自信があるかと言われると、ちょっと……」という方もいらっしゃるでしょう。

むしろ論理的に考えたことを整理して、筋道立てて表現するということを、苦手にしている人のほうが多数派かもしれません。

とはいえ、これは文部科学省が「小学校の」学習目標として定めている指導要領なのです。

ということは当然、小学校で用いられる検定教科書も、この目標を実現できるように編集されているわけです。

ね、小学校の教科書は実はスゴイん

じゃないかって気がしてきませんか？（というか、本当にスゴイんですけどね。）

小学校の6年間で学習する「論理力を育むステップ」を整理すると、右の表のようになります。

なかなかの充実ぶりですね。

東大入試でも最重要視される「国語力」

このように、小学校の国語カリキュラムは論理的な力を伸ばそうとしているわけですが、実は、東京大学の入学試験でも、最重要視されているのが「国語力」です。国語の試験そのものはもちろん、英語や社会の試験でも、高度な国語力を必要とする設問がずらっと並んでいます。

どのくらいの国語力が求められているかを実感してもらうため、実際の入試問題を準備しました。191ページに掲載した問題は、平成26年度の筑波大学附属駒場中学校で出題されたものです。ページがとびますが、ここで少し時間をとって問題と解説に目を通してみてください。

筑波大学附属駒場中学校といえば、東大現役合格率全国トップ、高校3年生の5割近くが毎年東大に現役合格する、スーパー進学校です。その入試問題はさすがのハイレベルですね。

こういう入試を経た子どもたちが6年後に東大入試をパスしていくわけですが、驚くべきはその解答速度です。制限時間わずか40分の中で、論説文または随筆、物語、詩がそれぞれ大問で一つずつ、計三題を解かねばなりません。

ですから、受験生はこの【一】についても、文章を読む時間を含めてわずか13分程度で解かねばならないのです。

ここで引用した問三、問五を答えるのに使える時間は、それぞれ2~3分の計算です。設問を読んで、考えて、答えを書き上げるまで全部やって2~3分です。

文章内容を的確に捉える力、設問で問われていることをその意図とともに読み取る力、構成を考えて記述する力を持っていることに加え、さらに鍛えられ洗練されていなければなりません。

12歳の子どもにそこまで求めているのです。しかもこれは、私立中学ではなく、「国立」中学の入試問題です。

つまりこの入試問題は、学習指導要領のエッセンスがギュギュッと詰め込まれて、学習目標が形となって表れたものといえるのです。

筑駒だけではありません。灘中、開成中、麻布中、桜蔭中、渋谷幕張中など名だたるトップ校はいずれも、内容を的確に把握し、筋道立てて考え、効果的に表現する力を求めています。

大学入試でも、東大に限らず、京大、阪大、慶應大、早稲田大など有名大学は、「自分の頭で考える力」を重視した出題を行っています。

なぜか。時代の要請に応える人材を育成するために、中学・高校も、大学も、素養を持った学生を選抜したいからです。

その素養が「国語力」なのです。

産業も人材も国際的な視野で見られるようになった現代においては、国語力を身に

つけることは必要不可欠なのだというメッセージを教育機関が発しているわけです。

それは、ビジネスの世界でも同じことです。入社試験でも、面接でも、企業は入学試験と同様の視点で力をチェックしてきます。

質問の意図を捉え、それに対して必要な情報を集め、自分の持つ情報を整理し、相手に伝わるように効果的な表現を考え、選択する。こうした「論理力」が求められているのです。

国語で身に付く三つの力

国語というと、漢字やことわざを覚え、物語や詩などを読んで感情を豊かにする科目と思われがちです。「国語は感性の科目だから」とおっしゃる方には特にそうお考えかもしれません。

しかし、国語という科目は、実はコミュニケーションの土台となる力を育むところに本質があるのです。

それは、「国語力」が何を意味するのかを知ることによって見えてきます。

これまで約3500人の子どもたちに国語の指導を行ってきた私が考えるに、私たちは国語という科目を通して、

①把握する力＝情報を収集し整理する力
②思考する力＝情報をもとに考える力
③伝達する力＝適切に表現する力

この三つの力を育んでいます。

ここまで読んで、「受験国語（中学入試）だとそうかもしれないけど、学校の国語とは別物なんじゃないの？」と違和感を覚えた方もいらっしゃると思います。

おっしゃるとおり、中学受験の国語と学校の国語がまったく同じものとはさすがに申しません。中学受験のほうが、求められる語彙数も、文章内容の難易度も、教科書と比べて格段に上です。

しかし反対に、違いはその点だけしかないのも事実です。

受験国語では、問題を読み取り、設問に対して客観的に考え、適切に解答する力が求められます。

これはビジネスでいう**情報を収集し整理する力**、**情報をもとに考える力**、そして相手にわかりやすく**適切に表現する力**といっていることは同じです。

小学校で習う国語は、「調べる」「話し合う」「発表する」に重点を置いています。「調べる」学習は受験国語の「問題を読み取る力」につながりますし、「話し合う」学習は「設問に対して客観的に考える力」へとつながります。「発表する」学習は「適切に解答する力」と根本は同じです。

つまり、用いる言葉や文章の難易度が違うだけで、受験国語で必要となる力は、すべて教科書範囲で学んでいるものばかりです。学校の国語で学ぶ内容をより精度高く、分量多く扱うのが、受験国語だと思っていいでしょう。

小学校で習う国語も、受験国語も、そしてビジネスで求められる論理力も、鍛えるべき力は同じなのです。

国語の教科書はビジネス本に匹敵する

前項で触れた三つの力、「把握する力」、「思考する力」、「伝達する力」を総合して、私は「国語力」と呼んでいます。

こうした力は、国語の問題に答えるためだけでなく、ビジネスや人間関係など日常のコミュニケーションを円滑に進めるためにこそ身に付けておきたい力です。

これが高いレベルでできる人は、人生がよりよい方向にどんどん広がっていきます。

ときどきカフェなどで、隣のテーブルの人たちの会話が聞こえてくることがありますよね。耳を傾けていると、自分の言いたいことを一方的にしゃべるだけで、会話のキャッチボールができていない人がいますが、そういうコミュニケーションの仕方では、人間関係もいい方向に広がっていきません。

「おしゃべりなこと」と「おしゃべり上手なこと」は違います。

話す力があって、相手の話を聞く力があって、それを解釈する力があって、それを伝える力がある人は、何をやっても比較的「できる」ことが多いのです。

正直な話、コミュニケーション上手な人は、それだけ社会生活上のチャンスも増えていきます。

国語力は社会で求められる「人間力」そのものにつながっているのです。

この力を段階的に身に付けていこうとするのが、国語の学習です。「**国語がすべて**

の科目の基礎となる」といわれるのは、論理力を体系的に習得できる科目だからです。

こう考えると、小学生を教える先生は大変ですね。

言葉の知識もまだそれほど多くなく、人生経験も社会体験もこれからの子どもたちを相手に、論理力の基礎を築き上げていくのですから。

もし何の道具もなく立ち向かうとするなら、よほど特別な教授力を持った先生でないかぎりは成し遂げることは不可能でしょう。

そのため、小学校で使う国語の教科書には、論理力をムリなく身に付けていくための工夫があちこちに凝らされています。その労力の大きさたるや、一般に販売される書籍では決して採算が合わないレベルです。

そんな教科書を、きっちり読んで勉強している子どもは、ビジネスや人間関係で必要とされる論理力の多くを、知らず知らずのうちに身に付けることができます。

つまり、**国語力がある人とはイコール「論理力がある人」であり、「把握力」、「思考力」、「伝達力」の三つの力が身に付いている人**なのです。

それでは次章から、論理力に欠かせない三つの力について、小学校の国語の教科書を参考にしながら、詳しく見ていきましょう。

2時間目

▼

把握する

五年生の学習を見わたそう

言葉のじゅんび運動
● 教えて、あなたのこと……10
● きいて、きいて、きいてみよう……63

五年生で学習することを、□の中にまとめています。どんな学習をするかを確かめたり、学習したことをふり返ったりするときに使いましょう。

● 次への一歩――活動報告書……88
● 日常を十七音で……98
● 明日をつくるわたしたち……104
● グラフや表を用いて書こう……149

話す・聞く

- 決める・関係づける
- 話の構成を工夫する
- 場に応じた言葉づかい
- 共通語と方言
- 意図をとらえて聞く
- 比べながら聞く
- 計画的に話し合う

● 明日をつくるわたしたち……104
● すいせんします……190

書く

- 決める・集める・整理する
- 文章の構成と効果
- 事実と感想、意見の区別
- 簡単に書く・くわしく書く
- 引用・図表やグラフを使う
- 表現の効果を確かめる
- 助言し合う

● 一まいの写真から……224
● 六年生になったら……230

- ふるさと……13
- あめ玉……14
- なまえつけてよ……20
- 新聞を読もう……36
- 見立てる……44

- 生き物は円柱形……46
- 広がる、つながる、わたしたちの読書……70
- 千年の釘にいどむ……74
- からたちの花……94
- 太造じいさんとガン……114

読む

- 音読
- 効果的に読む
- 要旨をとらえる
- 事実と感想、意見の関係
- 人物どうしの関係や心情
- 場面のえがかれ方
- 考えを広げる・深める
- 選んで比べて読む

- 天気を予想する……138
- 百年後のふるさとを守る……157
- 詩の楽しみ方を見つけよう……176

- 想像力のスイッチを入れよう……178
- 見るなのざしき……188
- わらぐつの中の神様……200

言葉

- 長く伝えられてきた言葉
- 言葉の特徴と決まり
- 漢字

- 漢字の成り立ち……42
- 古典の世界（一）……56
- 敬語……68
- カンジー博士の暗号解読……96
- 和語・漢語・外来語……102

- 漢字の読み方と使い方……112
- 同じ読み方の漢字……154
- 文の組み立て……156
- 古典の世界（二）……170
- 分かりやすく伝える……172
- 複合語……195
- 方言と共通語……223
- 季節の言葉 ①春・②夏・③秋・④冬
- 漢字の広場①〜⑥

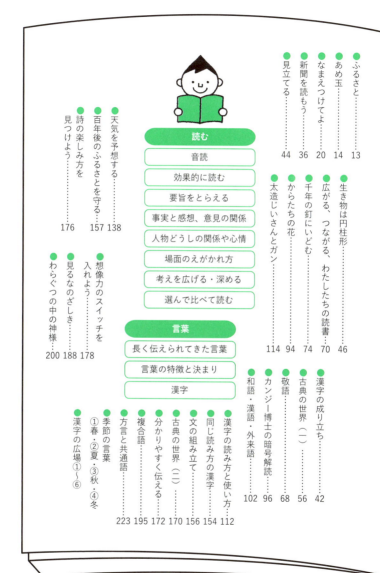

ビジネスフレームワークは小学校でならっている

前のページは、光村図書『国語　5年』の教科書の目次の後に出てきます。

現在、主に小学校の国語の授業では、光村図書、東京書籍、三省堂の三つの出版社の教科書が使われています。

どの教科書を使って学習するかは、各市町村の教育委員会（国私立は学校長）に委ねられるため、隣りあった小学校でも市区町村が異なれば違う教科書を使っているということはよくあります。

各教科書にはそれぞれに特徴がありますが、こと「論理力を磨く」という点で最も明快な編集がなされているのは、私は光村図書だと思います。

なぜならこのページからもわかるように、5年生で何を学ぶかが「話す・聞く」「書く」「読む」「言葉」の四つの項目に分かれ、フローチャート的に説明されているからです。

そこで本書では、光村図書（平成27年2月5日発行）の国語の教科書を使って進めていきます。

フローチャートとは、作業の手順を時系列で表すときなどによく使われ、情報を整理しながら考えるときにも役立ちます。

まず大きな枠組み（グループ）を作って、その中の要素がどんな順番で並んでいるかを整理すると、考えも進めやすいですね。

問題解決や経営戦略、業務改善などに役立つ分析ツールや思考の枠組みのことを「ビジネスフレームワーク」と呼びますが、フローチャートもその一種です。

本書でもこれからいくつかのビジネスフレームワークが登場しますが、そのいずれも、小学校の教科書で登場するものばかりです。

物事の全体を把握する

「まえがき」の構成解説でも述べたとおり、論理的になるための第1ステップである情報を「把握」することができれば、あなたはほぼ論理力を身に付けたといっても過言ではありません。ですから、ここではじっくりと「把握」について取り組みます。

〈調べたことを発表する〉

決めよう・集めよう

❶資料「手と心で読む」を読み、自分の課題をもつ。

❷課題について調べ、まとめる。

話そう・聞こう

❸発表の内容と発表の組み立てを考える。

❹発表する。

つなげよう

❺たがいの発表のよかったところをつたえ合う。

（4年生・上「だれもが関わり合えるように」より）

4年生の国語の授業では、調べたことを整理し、発表するという学習があります。活動の流れは上の図のようになります。

授業では、教科書で紹介されている「点字」について書かれた資料、『手と心で読む』を読みます。

その資料を参考にして、「誰もがよりよく関わり合う」をテーマに、もっと知りたいこと、自分で確かめたいことを出し合い、自分の課題を決めます。

ここでは、「目の不自由な人の役に立つ工夫には、どんなものがあるのか」について調べています。

調べたことを記録したカード例

◎見つけた物
・電話機
◎見つけた場所
・家の中
◎工夫
・「5」のボタンの出っぱり。数字のならび方をおぼえて、「5」をたしかめて使う。
5

調べたことは、上の例のようにカードに記録します。そのときに、「見つけた物」と「見つけた場所」、「工夫」を書き込み、わかったことや気づいたことをまとめます。

調べてみると、普段よく見ているものでも、いろいろな工夫がされていることがわかりました。

ところが、いざわかったことをまとめようとすると情報がありすぎて、うまくまとまりません。

そこで、次ページの図のように、カードに書いた「見つけた場所」で情報を分類してみます。ここでは、「家の中」「道路・外」「公共の建物」の三つ

「目の不自由な人の役に立つ工夫」の分類例

（記録したカードを、「場所」で分類して図にしたもの）

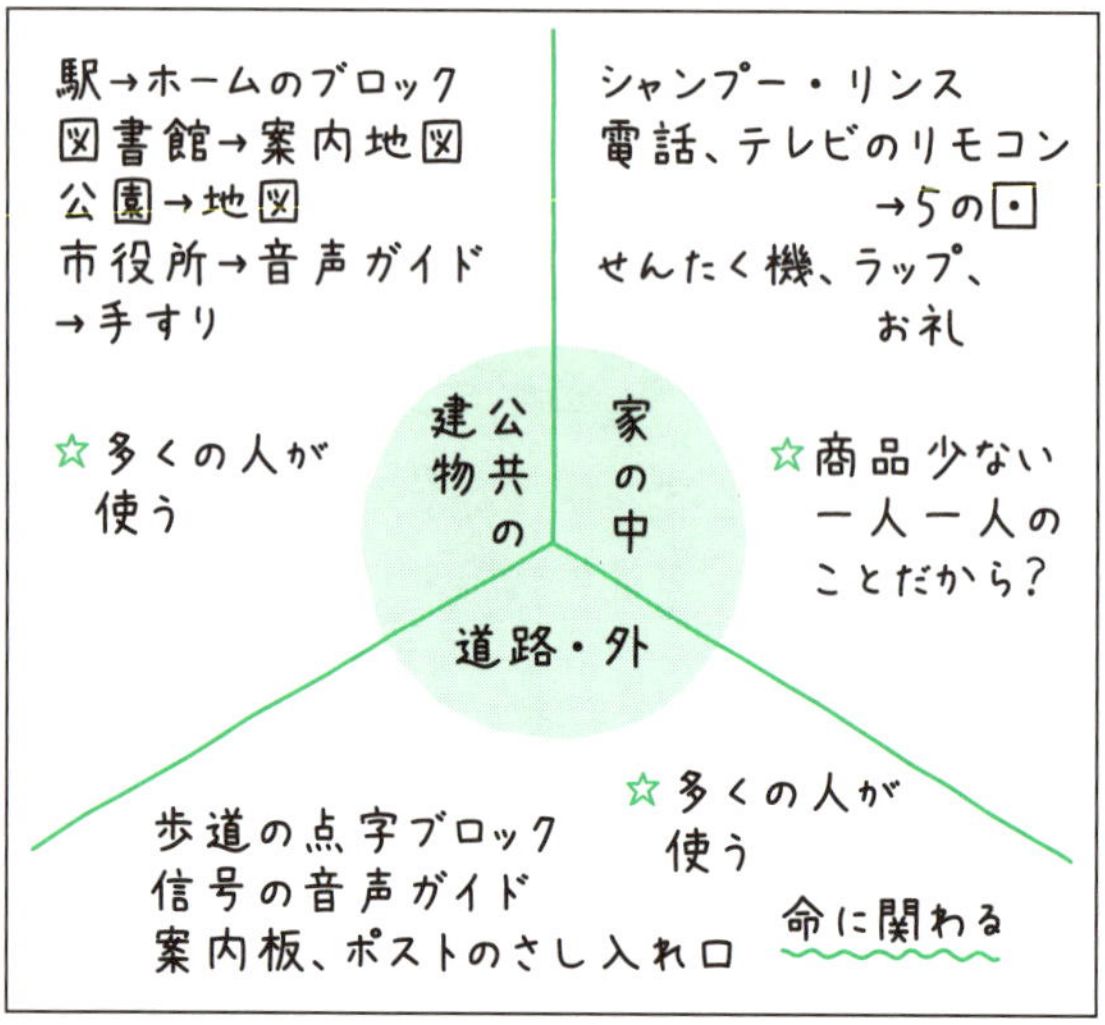

に分類します。

家の中で調べたものはいろいろありますが、シャンプーや洗濯機などには、これといった工夫は見られず、唯一工夫が見られたのは、電話やテレビのリモコンの「5」のボタンに出っ張りがあることでした。

一方、道路や外には歩道の点字ブロックや信号の音声ガイド、また、公共の建物にも駅のホームのブロックなどさまざまな工夫が見られました。

こうして見ていくと、多くの人が利用する道路や公共の建物には、目の不自由な人に役立つ工夫が多くされているのに対し、商品など個人が使うものにはあまり対応がされていないなど、それまで見えなかった事実に気づくことができます。

また、集めた情報の中にも、「目の不自由な人の役に立つ工夫には、どんなものがあるのか」という課題にとって、大事な情報とそうでない情報があることがわかります。

このように、具体的な事実を集め、その情報を分類したり、整理したりすることで、課題の「判断の軸」と照らし、どの情報が最も説得力のあるものか見ていきます。

物事を論理的に考えるためには、その根拠となる情報を集めることが大切です。しかし、ただデータをかき集めるだけでは情報を集めたとはいえないことを、ここで学んでいるのです。

有力な情報をつかむ三つのステップ

P・F・ドラッカーも「情報とは、データに意味と目的を加えたものである」と述べているように、目的に沿ってデータを集め、整理がなされて、その集合に意味が生まれたときに、はじめて「情報」と呼べるものが得られます。

そのためには、次の三つのステップで進めることが有効です。

1．方針決定
2．情報収集
3．情報整理

まず何のためにその情報が必要か、「目的」を持つことです。目的が明確であればあるほど、効率は上がります。

ところが、この目的を意識しないまま、ただ闇雲に情報を集めてしまう人がいます。

たとえば、新聞を隅から隅まで同じペースで読むような人です。毎日の経済ニュースについてはよく知っている。でも、「それで今日のニュースから何が読み取れたの？」と聞くと、何も返ってこない。「〜がありました」「〜だそうです」だけでは、そこから何の価値も生まれません。

それがわかった上で何が説明できるのか、何に活かせるのか、情報のその先が重要なのです。

特に今の時代はスピードが大事ですから、効率的に素早く収集しなければなりません。また、情報の正確性も必要です。

ステップ1 方針決定

「何を解決したいのか」「何に答えたいのか」「何を達成したいのか」など、**目的を明らかにします**。答えが一つに決まらない問題については、「誰に対して答えるのか」「誰を納得させようとしているのか」も確認します。それによって、とるべき行動が変わってくるからです。

ステップ2 情報収集

方針を決めたら、範囲を定めてデータを集めていきます。**「何を集めるのか」「どこ**

から集めるのか」を決めると同時に、「今すでに手元に持っている情報には何があるか」も確認しましょう。

「この問題を解決しなきゃ！」というとき、ほとんどの人が新しい情報やスキルを探し求めることから始めがちです。

しかし、手持ちの情報だけである程度片づくことも多いので、まずは「すでに持っているものを先にチェックする」ことを習慣にしてください。

その上で、情報源へのインタビュー、ネット検索、書類等の読み込み、アンケート調査などの手法を組み合わせて進めます。

目的に沿った適切な情報を入手するには、信頼性の高いデータを集めなくてはなりません。それには、**収集の対象をできるだけ一次情報に限る**ようにします。

一次情報とは、自分自身が仕入れた現場情報や、専門誌などに掲載される論文や特許情報など、オリジナルの情報のことです。

そうした情報が得られない場合は、第三者を介した二次情報を用いるしかありませんが、その場合も**出所は確認**しなければなりません。出所が明らかでない情報は疑ってかかるべきです。

また、「いつ」「どこの」「誰の」データなのかも把握しておかなければなりません。それが世界のどの地域でも当てはまるものなのか、日本限定のことなのか、あるいはさらに特定地域に限定されるものなのかによって、考える方向は変わってきます。同様に、現在の話なのか、過去3年の話なのか、それとも過去10年の話なのかなど、**時間軸もきちんと見極める**必要があります。

ステップ3 情報整理

データを収集できたら、整理を行います。目的に沿った有益な情報を読み取るために、傾向が見やすい形で整理します。

これには、【表にする】、【グループ分けをする（グルーピング）】、【ベン図にしてみる】などの方法があります。

【表】観点を挙げて比べる

物事を観点別に見るときに役立ちます。

たとえば、理科の実験で何かを調べたり、マーケティングリサーチの結果を発表したりするときなどは、表は縦線と横線で作成し、一方に比較するものや人物を、もう一方に温度変化の様子や市場規模など、調べた観点を挙げ、その結果を書き込みます。そうすることで、物事の共通点や相違点に気づくことができます。

【グルーピング】分類する

多くのデータや意見を内容ごとに分類し、整理するときに役立ちます。

たとえば、PTAで図書室への要望のアンケートをとったとします。「破れている本がある」「椅子を増やしてほしい」「午後5時まで開けてほしい」などさまざまな声が挙がりました。これらの意見はどれも大事ですが、ただ意見を羅列するだけでは、まとまりのないアンケート結果になってしまいます。

そこで、似ている事柄同士をグループにし、「本について」「設備について」「利用について」とタイトルをつけて分類します。すると、さまざまな意見がキーワードごとに整理され、アンケート結果として伝わりやすくなります。

【ベン図】同じ点と違う点で比べる

二つの物事について比較し、共通点と相違点を見分けるときに役立ちます。

たとえば、新聞とテレビを比べてみたとき、共通点には「多くの人に伝わる」「編集されている」などが挙げられます。相違点としては、新聞は文字と写真で編集されているのに対し、テレビは音声と映像で編集されているという違いが挙げられます。また、新聞は切り抜きができるというよさが、テレビはすぐに伝わるというよさが挙げられます。

このように共通点と相違点を視覚的に表すことによって、二つの物事の共通点やそれぞれのメリット・デメリットに気づくことができます。

知りたい情報にたどり着く近道

どんなに有力な情報を得たとしても、それを活かす

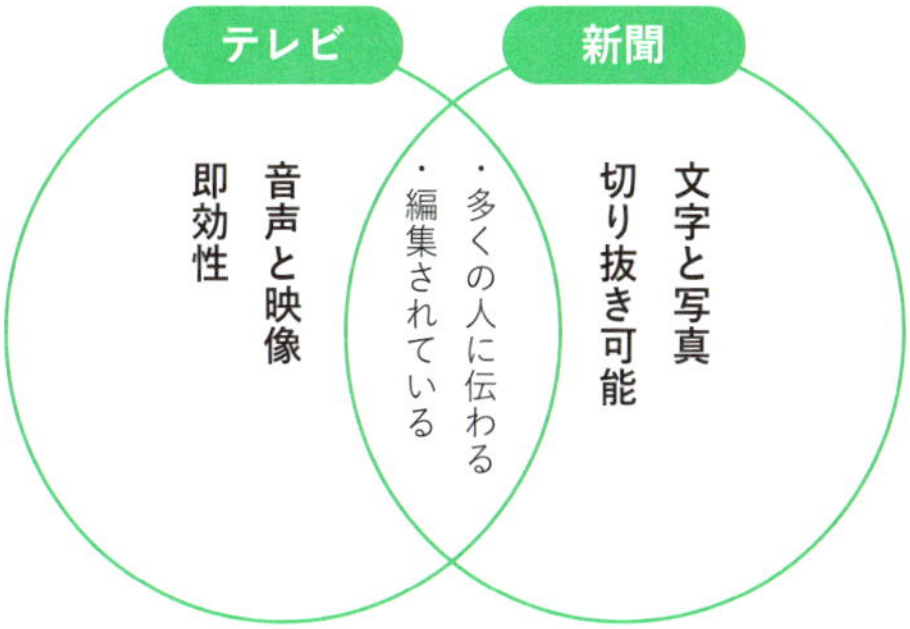

タイミングを逃してしまったら、元も子もありません。情報収集は効率よく、素早く行うことに意味があります。

情報を集めるときは、まずどこにその情報があるかを知っておくと有利です。

本を使って調べる方法として、3年生の教科書に「本の分類表」が紹介されています。

4年生後半から始まる本格的な調べ学習の前に、本との付き合い方を学ぶ単元です。何か調べるために図書館を利用する際には、ただ闇雲に探すのではなく、本の分け方などを手がかりに探すこと。

図書館の本は、内容ごとに、①哲学・心理・宗教 ②歴史・地理・伝記・旅行 ③社会・教育・福祉・伝説など、番号で分けられていること。

また、本には目次や索引があり、その本のどこに知りたいことが書かれているかなどを学習します。

こうしたことを知っているのと知らないのとでは、情報収集のスピードに雲泥の差が出てきます。

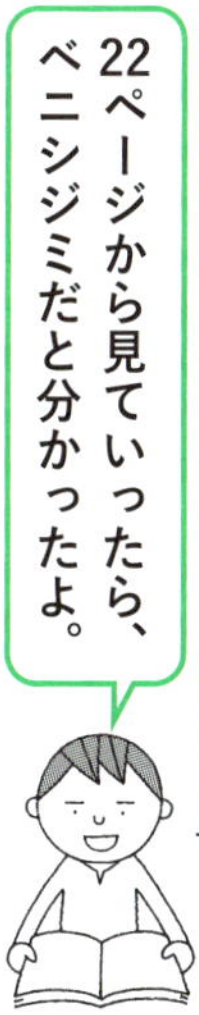
22ページから見ていったら、ベニシジミだと分かったよ。

目次

この本の使い方……………4
こん虫の進化となかま分け‥6
こん虫の体………………10
トンボのなかま……………12
チョウのなかま……………22
コウチュウのなかま………32
ハチのなかま………………54
さくいん……………………162

さくいん

【チ】
チッチゼミ……………………73
チビクワガタ…………………36
チャイロスズメバチ…………59
チャタテムシのなかま……113
チョウトンボ…………………16
チョウのなかま………………22
【ツ】
ツクツクボウシ……………135

（3年生・上「本を使って調べよう」より）

同じことはネット検索でもいえます。昨今、何かを調べたいと思ったとき、ほとんどの人が最初にとりかかるのはインターネットによる検索ではないでしょうか？

ところが、ネット検索をうまく活用しきれていない人というのは、気になった単語を入力するだけで、その物事の「何」が知りたいのかまでは絞られていません。

たとえば、「ふなっしー」について調べたいとき。そのまま「ふなっしー」と入力する人がいますが、それでは膨大な検索結果にヒットしてしまい、知りたい情報にたどり着くまでに時間がかかってしまいます。

ですから、「ふなっしー」の何が知りたいかを明確にする必要があります。「ふなっしー　いつから出現」とか「ふなっしー　収益」などのキーワードを入れるだけで、知りたい情報に早くたどり着くことができます。

また、気になる企業について調べたいとき、ホームページを一字一句読む人と、先にサイトマップを見て、知りたい情報から読む人とでは、仕事のスピードが違ってきます。

自分にとって必要な情報に早くたどり着くには、そもそも自分は何を知りたいのかを明確にすること。そして、それがどこに行けば見つかりそうかを大まかに判断して、さらに絞り込み検索で目指す情報にたどり着く。

こうした調べ方を知っていると、仕事の効率化につながります。

検索において重視したいのは、「雑音の排除」です。どう集めるかよりも、余計なことまで検索結果に出てこないようにすることが重要なのです。

〈調べたことを整理して書く〉

決めよう・集めよう

❶どんな新聞を作るかを決める。
❷取材をする。

組み立てよう

❸記事の下書きをし、わりつけを考える。

書こう

❹新聞を仕上げる。

伝えよう

❺新聞を読んで、感想をつたえ合う。

（4年生・上「新聞を作ろう」より）

取材は事前の準備が大切

情報収集は、インターネットや新聞、本など、すでに発表されているものから探す方法以外に、自らがインタビューや調査する方法がありますね。

4年生では、上の図の活動手順で「新聞を書く」という授業があります。ここでは、地域や学校の安全や防災を取り上げ、グループごとに話題を決めて、新聞の形にまとめるという学習が行われます。

なかでも②の「取材をする」ことに

宮下さんが事前に書き出したメモ

学校にいるときにじしんが起こったら

◎インタビューの相手　校長先生
◎日時　6月9日（火）ほうかご
◎場所　校長室
◎ききたいこと
・学校にいるときにじしんが起こったときのために、どんなじゅんびをしているか。
・災害が起こったとき、家とのれんらくはどう取るのか。

重点を置きます。

具体的には、詳しい人に直接話を聞く方法（＝インタビュー）と、アンケート調査を行う方法の二つを学びます。

教科書ではインタビューをするときの注意事項として、「調べたいことを事前に書き出してから取材をする」、「大事なことはメモをとる」ことなど、当たり前のことが書かれていますが、実はそれができていない人は多いものです。

とりあえずその人のところに行けば、いろいろな情報が得られるだろうと安易に考え、事前に質問も考えずに取材をするのでは、相手に対して失礼ですし、欲しい情報が得られないまま終わってしまいます。

その点、ベテランの新聞記者や編集者の方は、短時間でこちらの伝えたいことを見事に聞き出してくれますが、その秘訣を聞くと、どなたも「事前の準備ですよ」とおっしゃいます。

インタビューをするときは、自分は何を知りたいのかを明確にし、それと結びつく質問を事前に考えておくことは鉄則といってよいでしょう。

次にアンケート調査ですが、こちらは手順が重要です。

①計画
②準備と実施
③集計と分析

どれも重要ですが、なかでも①の「計画」をしっかり立てておかなければ、アンケートを実施してもよいデータは集まりません。

調査をするときは、「何のためにするのか？」「その結果をどのように活用していくのか？」を明確にしましょう。

教科書でも説明していますが、アンケートを作るときは、「答える人にとって、回答しやすい問いを作る」、「回答をおおまかに予想し、結果をまとめるときのことを考えて、問いを作る」ことが大切です。

そうした準備なしに思いつくままに質問を用意し、アンケートを実施してしまうと、こちらが望む回答が得られず、その後の集計で苦労することとなります。当然、きちんと情報を分析することもできません。結果、意味のないアンケート調査になってしまいます。

また、**アンケートを実施する際には、調査対象を明確にする**必要があります。年齢別で調査するのか、職業別で調査するのかなど、何を知りたいかによって、調査対象は変わってきます。

アンケート調査のしかた

アンケート調査は、多くの人の考えを知るための方法です。

●アンケートを作るとき

・答える人にとって、回答しやすい問いを作る。

・回答をおおまかに予想し、結果をまとめるときのことを考えて、問いを作る。

●アンケートの結果をまとめるとき

・表やグラフにすると、分かりやすくしめすことができる。

アンケート用紙の例

答えを文章で書き込むもの

問い1　災害のとき、どんなことが心配ですか。

【答え】

問い2　家で、災害へのそなえをしていますか。
当てはまるもの全てに、○をつけてください。

【答え】　ア　食べ物や水などを用意している。
イ　家具などが動かないようにしている。

用意された答えの中から選ぶもの

選ぶ答えの数が決められている場合や、いくつ選んでもいい場合がある。

そのとき気をつけたいのが、調査対象にモレやダブリがないかです。

たとえば、化粧品のアンケートを実施する際に、調査対象は20代・30代・40代の分け方でいいのか？　10代や50代は必要ないのか？　職業別に分けたとき、主婦で事務のパートをしている人は、主婦に該当するのか、事務職に該当するのか？

こうしたことを明確にしておかないと、本当の意味での正しい情報は得られません。アンケートを行うときは、計画段階が重要なのです。

MECEを使って情報を集める

論理的な考え方の基本の一つに、**MECE**（**ミッシー**）があります。

MECEとは、Mutually Exclusive and Collectively Exhaustiveの略で、「相互に排他的な項目（M.E.）」による「完全な全体集合（C.E.）」を意味します。

つまり、**「モレなくダブリなく」**ということです。前項の化粧品のアンケート調査をするときに大切なのが、まさにこれです。

ＭＥＣＥについては、思考法に限らずマーケティングやブランディングなどビジネスのさまざまなシーンで意識される概念ですから、耳にした方も多いでしょう。

この「モレなくダブリなく」という視点が、物事を把握することにおいてはとても重要です。

たとえば、中高年男性向けの高付加価値商品を開発するとします。潜在的な不満を掘り起こして有望なニッチ市場（隙間市場）を発見するため、マーケティング調査をすることにしました。

そのときに、調査対象をサラリーマン、自営業者と分けた場合、これはＭＥＣＥにはなりません。

なぜなら、どちらにも含まれない無職の人やパートタイムで働く人のことを考えていないからです。つまりモレがあるわけです。

さらに、ダブリの問題も残っています。会社勤めをしながら小規模農業を行っている兼業農家の場合、サラリーマンにも自営業者にも該当します。

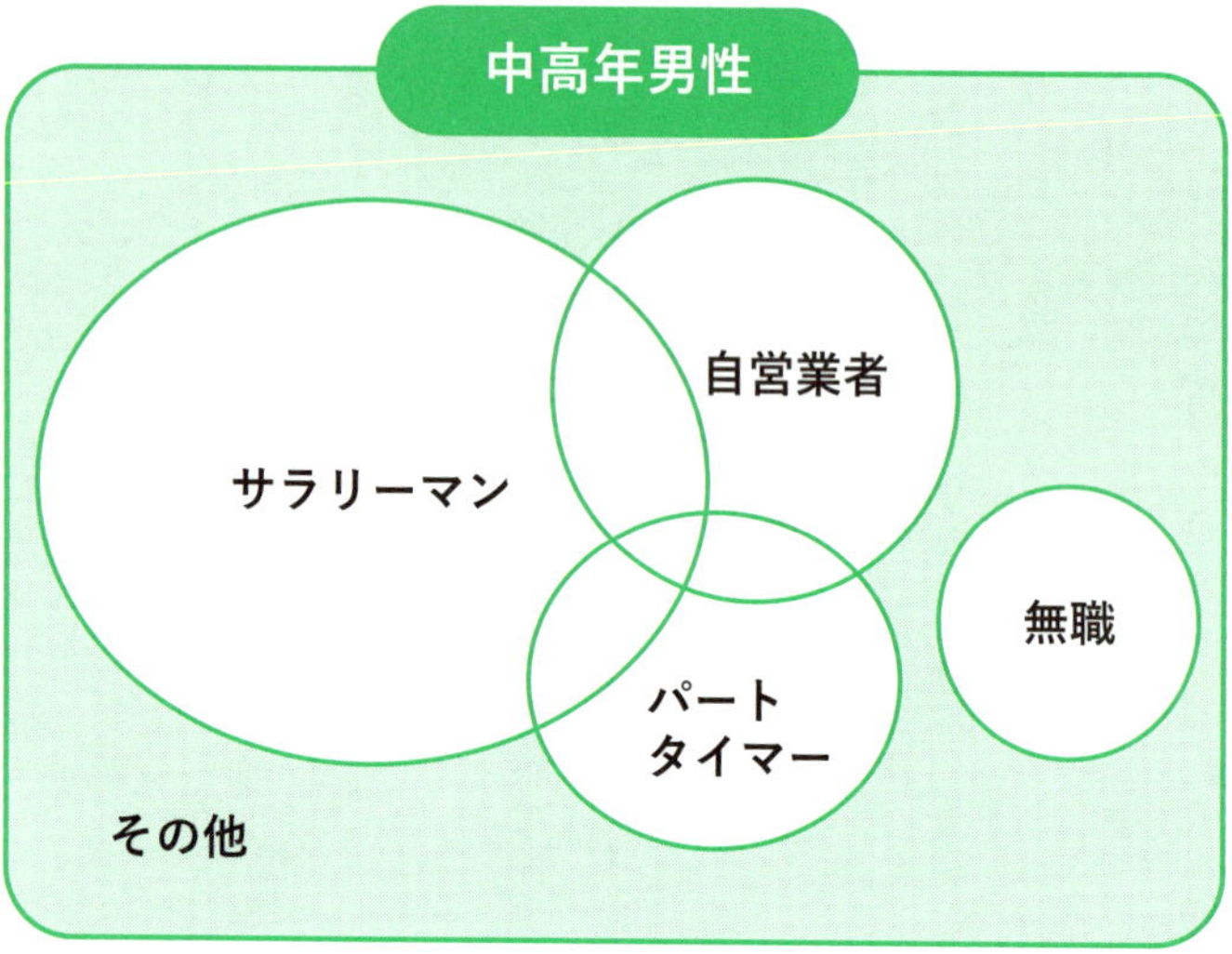

これを図にすると上のようになりますが、サラリーマン、自営業者、無職、パートタイマーに加えて「その他」とあることに注目してください。

ＭＥＣＥとなるよう物事を区分していく際のコツが、ここにあります。

【ＭＥＣＥに区分していくには】

①全体は何かを考える。ex.）ここでは「中高年男性」。

②次に、切り口によってＡとＡ以外に明確に分ける。ex.）ここでは、「仕事をしているか否か」で分けた上で、「働き方」でさらに分けていく。

③最後は「その他」を活用する。

【「切り口」を考える際には】

・場所で分ける。
・レベル別にする（年齢区分、所得区分など）。
・構成要素に分ける。
・時間の流れで分ける（手順、取引の流れなど）。
・方法（手段）の種類別にする。

などがわかりやすいでしょう。
まず、これらから検討してみるといいですね。

なぜMECEが必要なのか？

なぜ情報を収集するにも、整理するにも、MECEが必要なのでしょう？
それは、**モレがあればとるべき判断や行動を間違ってしまう**からです。

先の例で、もし「サラリーマン」と「自営業者」だけを調査対象としてしまった場合、どんなリスクがあるでしょうか？

調査目的は、中高年男性向けの高付加価値商品を開発するために、有望市場を発見することでした。とすると、高品質な製品であれば割高であったとしても購入してくれるような、所得にゆとりのある層を見つける必要がありそうです。

「無職」や「パートタイマー」という区分は、一般に所得が少ない層に思えますが、一概にそうともいえません。悠々自適に暮らす投資家や資産家の場合も「無職」ですし、店舗オーナーが半分趣味のように店の手伝いをしている場合は「パートタイマー」の区分に入るでしょう。

もしも開発予定の商品がかなりの高額商品であった場合、こういった投資家、資産家を対象から外してしまうことで、予想外に大きな機会損失を生じさせるかもしれません。

薄利多売モデルの商材とわかっているのであれば、効率性の観点から、ターゲットを最初から意識的に絞るのもよいでしょう。

しかし、適切な解答を得るための情報を集めようとしている段階で、無意識的にモレを生じさせてしまうことは、賢明ではありませんね。

またその反対に、**ダブリがあると思考する段階でムダがあったり、混乱に陥りやすくなったりする**ので、こちらも避けたいところです。

たとえば、同じ製薬会社の営業マンが二人、同じ病院の担当だったらどうでしょう?

営業マン同士がお互いにきちんと情報交換できていればいいのですが、そうでなければ病院側は新薬について同じ話を二度聞かされたり、一人の営業マンに伝えたからと安心していた案件が会社に伝わっていなかったり……。

お互いにムダな行動や連絡の行き違いが生じてしまいます。

同様に、情報収集段階でダブリがあれば、やはりムダや混乱を生じさせてしまいます。

このような理由から、情報を収集・整理するときには、そこにモレやダブリが生じないように進めることが望ましいのです。

MECEの考え方で物語文を読む

教科書では、ビジネスでよく使われるさまざまなフレームワークが出てきますが、MECEそのものは登場しません。しかし、MECEと同じ考え方を学習しています。

たとえば、物語文で登場人物の心情を読み取るときです。

物語文は、登場人物の関わりや心情の変化を意識しながら読み進めていきます。そのときに、登場人物ごとにそれぞれに起きた事柄やそのときに感じた気持ち、その表れとしてとった行動などを、表に整理して考えることがあります。

次の表は、5年生で習う『なまえつけてよ』という物語に出てくる「春花」と「勇太」の会話や行動を抜き出したものです。さらにそのときの心情を想像して、短い言葉でまとめています。

授業では、この物語の要となる、3日間で「春花」と「勇太」の関係はどう変わっていったのかについて考えさせます。

そのためには、背景となる出来事や登場人物の会話、行動がとても重要になります。それらの情報をモレなく偏りなく読み取るのに、この表が使われているのです。

	1日目
春花の会話や行動	・まるで知らない道を歩いているような気がしてくる。
心情	子馬の名前をつけてほしいと任され、うきうきしている。
勇太の会話や行動	・ただ、足元を見ている。 ・ちらっと春花の方を見た。でも、すぐに目をそらした。
心情	

つまり、MECEの考え方と同じです。

一般的に感受性の問題と受け止められがちな心情の読み取りについても、そのもととなる情報の整理はMECEなのです。

数字の情報は見せ方・読み取り方に注意しよう

たとえばバーゲンで、「今ならお安くなっていますよ！」と言われるより、「本日限り30%オフです！」と言われるほうが、お得な感じがしませんか？

人に何かを説明したり、説得したりするときは、その考えの根拠となる情報が必要となりますが、そのときに数字を入れるとお互いの共有がぐっとラクになります。

なぜなら、数字そのものは、誰が見ても同じ数を表しているからです。つまり、自分と相手との情報把握の足並みがそろうのです。

一方で、見せ方によって相手の捉え方が違ってくることに注意をしなければなりません。

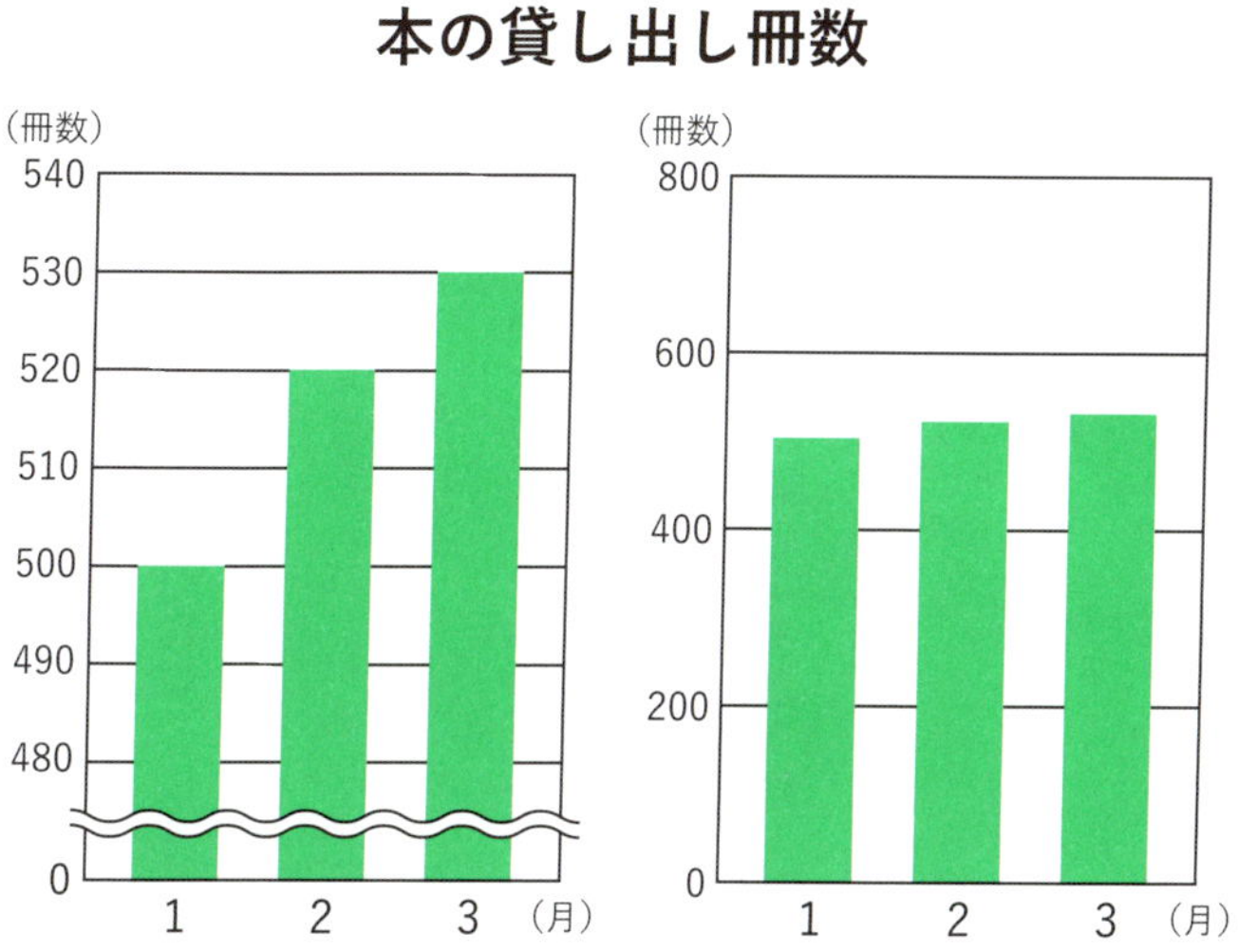

(5年生「【コラム】グラフや表を読む」より)

上のグラフは、5年生の学習に出てくるものです。ここでは、文章以外の資料を効果的に用いることを学びます。

二つのグラフは同じ内容ですが、右のグラフでは1月から3月の差がほとんどないように見えます。それに対して、左のグラフでは大きく増えているように感じます。

グラフや表は情報を整理するときに役立つものですが、その表し方には注意が必要です。

ここで、本の貸し出し冊数が増えていることを強調したければ、使うべきグラフは左ですよね。

一方、読み取るときは見た目の印象に左右されないように、目盛りや単位に注意しましょう。特に円グラフなどでパーセンテージを表すものは、調査対象の母数がどのくらいあるのか確認する必要があります。

ほんの数十件しか調査していないのに、実数ではなくパーセンテージで表すことで、あたかも世の中全体がそうなっているかのように見せかけている資料は案外多いものです。

ですから、**情報収集をするときは「これって本当?」「どういうことを表しているのだろう?」と疑いの目を持ってデータや資料に接し、客観的な事実にたどり着く**ように心がけたいものです。

話は一つ、顔はいくつ?

次ページの新聞記事は、5年生の教科書の「新聞を読もう」という学習に出てきます。二つの記事はどちらも「金環日食」について伝える2012年5月21日の夕刊記事です。

同じ話題を伝えているのに、全国紙では「金環日食　列島興奮　932年ぶり広域観測」、京都で発行されている地方紙では「282年ぶり　京都で金環日食」というように、見出しの数字が異なっています。

なぜでしょう？

これは、**同じ金環日食でも、観測地点について焦点を当てているポイントが違う**からです。

全国紙では、「金環日食　列島興奮」とあるように、『東北南部から九州南部の太平洋側にかけて、広範囲で』金環日食が観測できたのは平安時代以来932年ぶりと、日本列島全体に焦点を当てています。

一方、地方紙では、「京都で金環日食」とあるように、『京都で』金環日食が観測できたのは282年ぶりと、京都に焦点を当てて記事を書いています。

❶ 全国紙

金環日食 列島興奮《ふん》

932年ぶり広域《いき》観測《そく》 平安《へいあん》以来

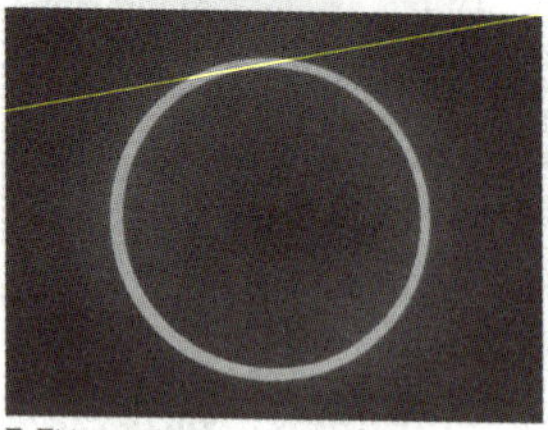

7:34 すっぽりと太陽の中に入り、金環状態になった（東京・銀座）

7:31 金環日食直前、太陽に入り込んだ月のシルエット

7:37 金環状態が終わり、太陽とずれ始めた

■ 金環日食が起きる仕組みのイメージ

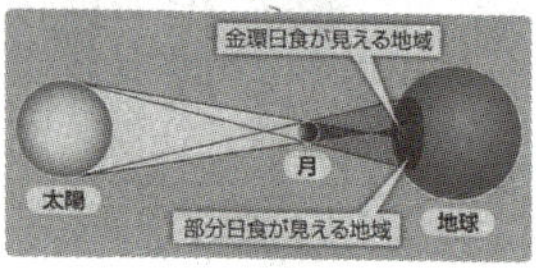

太陽の中心部が月に隠《かく》れて指輪のように輝《かがや》く金環日食が21日朝、東北《とうほく》南部から九州《きゅうしゅう》南部の太平洋《たいへいよう》側にかけて観測された。国内では1987年の沖縄《おきなわ》以来25年ぶり。これほど広範《はん》囲で金環日食が見られたのは、平安《へいあん》時代以来932年ぶりとなる。列島の南にある前線の影響《えいきょう》で、太平洋側は曇《くも》りがちだったが、各地で観測会やツアーなどのイベントが開かれ、参加者たちは雲の切れ間から見えた太陽のリングに歓《かん》声を上げた。〈写真グラフ5面、関連記事10・11面〉

金環日食は日本時間午前7時頃《ごろ》、中国《ちゅうごく》の南部で始まり、東へ移《い》動。東京は午前7時31分から約5分間、金環日食の状《じょう》態が続いた。

東京・新橋《しんばし》駅前では、出勤《きん》途《と》中の会社員など約200人が立ち止まって空を見上げた。コンビニ店など6軒《けん》をまわっても日食めがねが手に入らなかったという茨城《いばらき》県守谷《もりや》市の会社員の男性は、周りの人から3種類のめがねを借り、太陽のリングに見入った。「それぞれ違《ちが》う雰《ふん》囲気の日食が楽しめた。今日はいい仕事ができそうです」と興奮気味だった。

日本で次回、金環日食が観測できるのは2030年6月の北海道《ほっかいどう》。今回のような広域で見られるのは300年後の2312年となる。部分日食は全国各地で起こり、札幌《さっぽろ》市で最大84%、仙台《せんだい》市で同93%の太陽が、それぞれ欠けた。

（2012年5月21日「読売新聞」より）

❷京都で発行されている新聞

282年ぶり　京都で金環日食

京都市下京《しもぎょう》区で観測された
282年ぶりの金環日食
（21日午前7時30分）

八坂の塔をシルエットにして
浮《う》かび上がる金環日食
（21日午前7時30分，京都市）

太陽が月に隠《かく》れて細いリング状《じょう》になる金環日食が21日朝、太平洋《たいへいよう》側を中心に日本各地で観測《そく》された。日本での金環日食は1987年9月の沖縄《おきなわ》以来で、関西《かんさい》では282年ぶり。京都市や大津《おおつ》市でも大きく欠けた太陽が金色のリングにつながり、見守った市民から歓《かん》声が上がった。（8、9面に関連記事）

神秘《ぴ》のリング魅《み》了《りょう》

京滋《けいじ》は早朝から青空が広がり、午前6時17分ごろから太陽が欠けていった。空気がくすんだように太陽の光が弱まった後、午前7時半ごろに金環日食となった。

学校のグラウンドや三条《さんじょう》大橋、賀《か》茂《も》大橋付近の鴨《かも》川《がわ》河《か》川敷《せんじき》などには子どもたちや市民が大勢《ぜい》集まり、「日食めがね」をかけて金環日食を確《たし》かめた。月が太陽に入って美しいリングを作ると、歓声とともに拍《はく》手も起きた。

金環日食は九州《きゅうしゅう》から福島《ふくしま》県まで広い地域《いき》で観測されたが、天候に恵《めぐ》まれず見られなかった地域もあった。

次に日本で金環日食が見られるのは2030年6月1日の北海道《ほっかいどう》で、京滋では41年10月25日まで待たなければならない。月が太陽を完全に隠す皆既《かいき》日食は、35年9月2日に能登《のと》半島から長野《ながの》県北部、茨城《いばらき》県にかけてである。また、金星がシルエットになって太陽を横切る今世紀最後の「金星の太陽面通過《か》」が、今年6月6日午前7時10分ごろから午後1時47分ごろまでである。

（2012年5月21日「京都新聞」より）

どんなことを伝えたくて、これらの写真が使われているのかな。

二つの記事はどちらも正しい情報ですが、**伝える側が何を伝えたいかによって、同じ話題でもその内容は変わってくる**のです。

全国紙は、読者範囲が広いことから、金環日食が起きる仕組みのイメージ図を掲載し、科学的な解説を入れています。

それに対して地方紙は、選ぶ写真も「八坂の塔」をシルエットにしたもので、記事内にも三条大橋、鴨川河川敷など京都の地名を複数出して、郷土愛を刺激する内容になっています。

このように、一つの話題がいくつもの顔を持つことはよくあります。

小学生が使いこなすグラフ・表

企画書や報告書など、何かを伝えるときは、相手にわかりやすく、簡潔に伝えることが大事です。また、根拠となる事実も不可欠です。

その伝え方として、グラフや表が用いられることはよくあります。

5年生では、「私たちが今生きている社会が、暮らしやすい方向に向かっているか」をテーマに、自分の考えに合った統計資料などのグラフや表を用いて書くという授業があります。つまり、理由づけを明確にして説明することを学びます。

教科書では、次ページの四つのグラフと表が紹介されています。

一つ目は「ごみの総排出量の推移」を表した棒グラフと折れ線グラフです。棒グラフでは総排出量の減少を、折れ線グラフでは一人1日当たりの排出量の減少を表し、二つのグラフを組み合わせています。

そうすることで、国民一人ひとりのごみに対する意識の高さが排出量を減少させたということが裏付けられ、「暮らしやすい方向へ向かっている」という考えを説得できる資料となっています。

二つ目の「平日の生活時間」は、小学5・6年生と働く人を調査対象に、1日の活動を「生理的な活動」「社会的な活動」「自由時間」の三つの項目に分け、その内容を

日本の年齢別人口

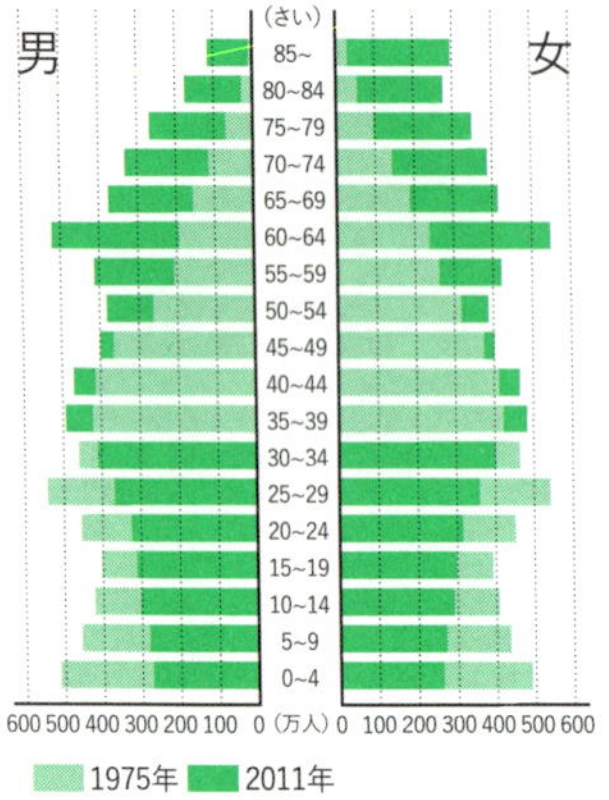

「人口推計」(総務省統計局)より

ごみの総排出量の推移

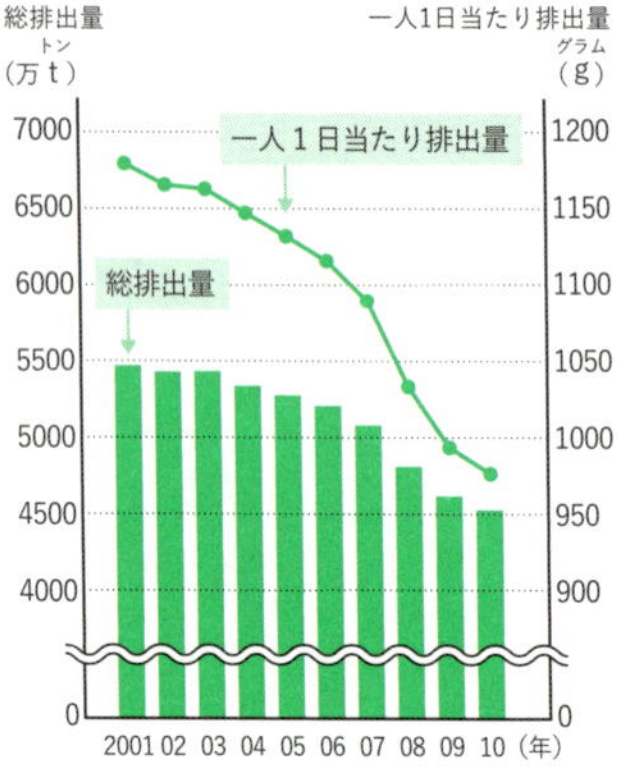

「日本の廃棄物処理 平成22年度版」(環境省)より

電話の加入数の推移

(固定電話、移動電話[携帯電話など])

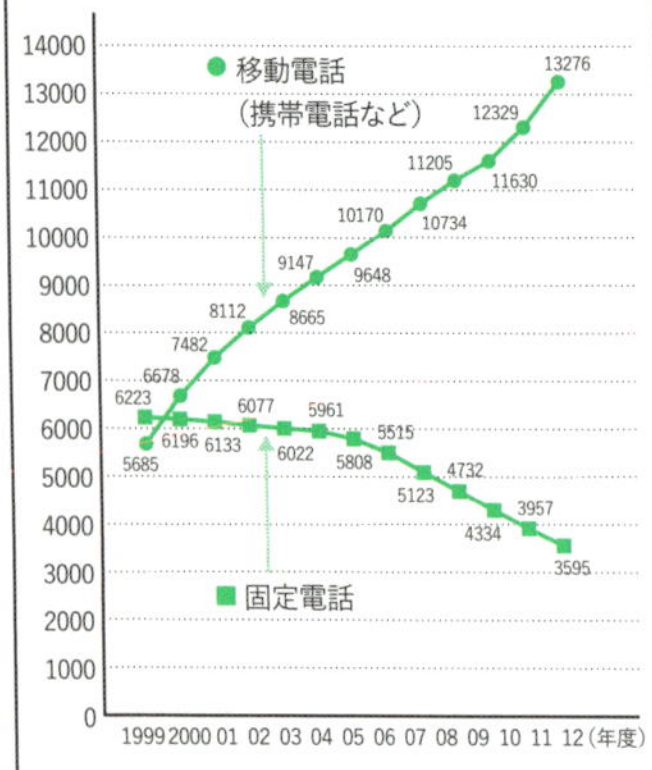

「平成24年版情報通信白書」(総務省)より

平日の生活時間(平均)

		生理的な活動		社会的な活動		自由時間	
		すいみん	食事など	学業・仕事	通学・通勤など	テレビ・新聞など	その他
平成二十三年	小学5・6年生	8時間45分	2時間40分	6時間47分	50分	1時間18分	3時間40分
	働く人	7時間12分	2時間44分	8時間7分	1時間52分	1時間33分	2時間32分
平成十三年	小学5・6年生	8時間53分	2時間36分	5時間52分	52分	1時間43分	4時間4分
	働く人	7時間20分	2時間39分	7時間54分	1時間45分	1時間49分	2時間33分

「平成23年社会生活基本調査」(総務省統計局)より

(5年生「グラフや表を用いて書こう」より)

さらに二つに分けて調査しています。

調査は、平成23年とその10年前の平成13年に実施したものを載せています。

ここで見えてくるのは、それぞれに費やす時間です。もしこれを文章で説明したら、文字量が膨大になり、読む気がなくなってしまうでしょう。そこで、表で表すことで伝わりやすくしています。

しかし、調査の結果からは、二つの年を比べても、10年間で何かが大きく変わったという結果は見られず、「暮らしやすい方向に向かっているか」というテーマに対し、賛成意見にしても、反対意見にしても、あまり説得力のある資料ではないと判断できます。

三つ目の「日本の年齢別人口」は、男女別に5歳ごとで年齢を区切り、1975年と2011年の人口を棒グラフで表しています。

この利点は、男女の比較や5歳ごとの年齢など細かい数字を一つのグラフで表せることです。

しかし、これからわかることは、少子高齢化の社会に向かっているという現状であり、「暮らしやすい方向に向かっているか」という点でいうと、むしろそうとは言えないという反対意見を裏付ける資料となっています。

四つ目の「電話の加入数の推移」は、1999年から2011年までの固定電話の加入数と移動電話の加入数を折れ線グラフで表したものです。

この表からは、移動電話の加入数が増えたことによって、固定電話の加入数が減ったことは証明できますが、それが「暮らしやすい方向に向かっているか」までは証明できません。

そのため、今回のテーマに対する考えを伝えるには、あまり意味のない資料といえます。

このように、何を伝えたいかによって、用いられるグラフや表は違ってくるのです。

教科書では、自分の考えを資料で裏付けるときの手順として、次のように書かれています。

・数字や書かれていることから、何が読み取れるかを考える。
・読み取れたことから、どんなことが考えられるかを書き出す。
・資料から考えられることが、自分の考えを裏付けるものになっているかを判断する。

資料の活用は、自分の考えを客観視することでもあり、第三者的な視点で物事を考えることにつながります。また逆に、報告を受ける側も、グラフや表で表される内容が、今述べられている内容と合致しているのか、第三者的に確認する必要があります。

この第三者的な視点を持つことが、論理力を鍛えるためには欠かせないのです。

「具体」⇔「抽象」へ情報を行き来させる

小学校で行う調べ学習は、「実際に自分が見たり、体験したりする」ことから「本で調べたり、人に聞いたりする」、「グラフや表などから読み取る」といったように、段階を踏んで調べる方法の幅を広げていることがわかります。

「本で調べる」とは、身の回りの具体的な事実から一歩外に出て、直接は触れられないけれど、目の前の事柄と同じグループに属している（＝抽象化されている）事柄を調べることです。

自分が属している世界を拡大させる取り組みといっていいでしょう。

「人に聞く」「アンケートをとる」というのも、自分一人が見えている世界は限られているという認識のもと、視野を拡大させる行動です。自分を客観的に上から見下ろして、周りの人に聞けば、もっと世界が広がるという俯瞰視点です。

「グラフや表」は、具体的な事柄の集まりから一定の傾向を読み取るために、整理したものです。つまり、抽象化して全体像を捉えやすくしたものです。

そこから「読み取る」とはどういうことかというと、

①抽象化された情報から特徴を読み取ること

②その特徴が何を意味しているのか、具体的に考えること

この二つを指します。

特に②は、調べたことをグラフや表にまとめることとは反対の頭の使い方になります。

具体的な事柄をまとめるには、それぞれの共通点と相違点に注目して整理していきます。大きく目立つ部分を束ねて、それ以外の細かい特徴や情報はカットしていく作業です。そうして必要な情報だけを残し、すっきりさせていくわけです。

反対に、まとめられたものから具体的な情報を考えるためには何が大切かというと、読み取る側が具体的な事例をどれだけ知っているのかということです。

グラフや表の中で特徴的な点を見つけたら、「なぜそうなっているのか」、「何が起きているのか」を自分なりに推測し、補って考えなくてはなりません。

それには具体的な事例についての知識を多く持つことが役立ちます。

小学校4年生までで「具体」から「抽象」への置き換えを行い、5年生でグラフや表から情報を読み取る練習をするのは、「抽象」から「具体」を想像する取り組みを通じて、その裏にある「具体」から「抽象」の力を鍛えていると言えます。

このステップはビジネスにおいても有益です。

たとえば多くの会社では、新人教育はこの順番で行われています。

まず、最初のステップは一つひとつの具体的な行動を教える段階です。仕事における日常的なシーンにおいて、行うべきこと、話すべきことを教えていきます。いわゆる、マニュアル教育です。

仕事の事例をある程度覚えたら、次に、いくつかの業務行動に共通する思いや理念は何かを捉えさせます。

「なぜこのようなマニュアルになっていると思う?」
「一連の行動には一つの思いが貫かれているわけだけれど、それは何だろう?」
と問いかけ、
「お客様の気持ちを第一に考えて、サービスを提供することです」

という答えにたどり着かせる。

これらは「具体」から「抽象」の働きです。

そして、マニュアルの真意が理解できるようになった社員には、さらに次のステップがあります。

マニュアルで想定されていない事態が発生したときに、理念に基づいて適切な行動に導くという段階です。これは、「抽象」から「具体」の働きです。

このように、「具体↓抽象」へ、あるいは「抽象↓具体」へ情報や知識を行き来させることで論理力を鍛えているのです。

さてここまで、「把握する」ことのあれこれを学んできました。次は「思考する」ことに移るとしましょう。

3時間目

▼

思考する

「悩む」と「考える」の違い

何日かけて考えてもいいアイデアが見つからず、ありふれた企画書しか提出できなかったり、解決策が見つからなかったりと、考えることに苦心惨憺《さんたん》したわりにはさっぱり成果が上がらない。そんな経験をしたことはありませんか？

私も何度もあります。そして後で振り返ってみて、気づくのです。

「考えているようで、考えていなかったのだな……」

Aさんは会社での働き方に不満があり、転職をしたいと考えています。

しかし、仕事自体はおもしろく、やりがいもあります。転職して、同じようにやりがいのある仕事ができるかどうかわかりません。

でも、このまま今の会社で働き続けたら、体を壊してしまうのではないかと心配です。

さて、この状態は考えているといえるでしょうか？

「考える」とは、まず考える対象となる「課題」があり、「分析」→「解釈」→「検証」の段階を踏んで、その課題を解決していくプロセスのことです（詳しくは後述します）。

目的を実現するために、頭を適切に働かせる活動といってもいいでしょう。つまり、物事を論理的に見極め、目的に向かった行動をとることです。

一方、「悩む」とは、解決していく先が見えないまま、ただ現状に困っている状態をいいます。

なんとかしなければという思いはあるものの、「何を」「何のために」「どのように」解決していけばいいのかがわからず、頭の中でただ自分が持つ情報やそれに付随して生まれてくる感情がぐるぐると回っているだけ。

ですから、先のAさんは、ただ悩んでいるだけ、となります。

「ひらめき」はどうやって生まれるのか？

考えることで人は、問題を解決したり、新たな着想が得られたりします。

ここで新たな着想を得るというと、「ひらめき」をイメージする人が多いかもしれません。「ひらめきの力はどうすれば育てられますか？」という質問も時折いただきます。

世界的なデザイナーやベンチャー企業の経営者など、クリエイティブで独自の活動をしている人を見て、「自分もあんな発想ができるようになりたいな」と思う方は多いようですね。私も昔は、そういう思いに駆られたことがありました。

一方、「あの人たちは天才だから自分とは別世界だ」、と割り切っている人もいます。

そういう人たちは、「ひらめきの力は天性のもので、努力して伸びるものではない」

と思っているようです。

確かに、創造的な活動には天賦の才というものがあることは否めません。しかし、「ひらめく力」に関していうと、後天的に伸ばせるものであることも事実です。

……というのも、**ひらめきのほとんどは、その人の過去の知識や経験の蓄積と結びついて生み出された「判断」**だからです。

言い換えれば、無意識的に行われた「解釈」の働きなのです。その人独自の発想ではありますが、ゼロから何かが生まれたのではありません。

判断を生み出すもととなる知識や経験が膨大であればあるほど、脳の中の「引き出し」が多ければ多いほど、「ひらめき」の輝きは増していきます。

その輝きがまばゆいばかりのとき、当の本人以外から見ると、きっと着想が空から降ってきたかのように見えるのでしょう。

さて、「ひらめく」コツは、目の前の事柄と一見無関係に思える別の引き出しを開けられるかどうかです。

普通なら無関係と思われる引き出しをいくつも開けて、かけ合わせることでユニークな結論を導き出せます。

ここでいうユニークとは、誰もが考えつくようなものではない上に、説得力を備えているということです。

これには、2時間目で紹介した「把握する力」、つまり全体像を捉える力が役に立ってくれます。

「考える」ために必要な三つのステップ

「考える」ためには、まず何について考えるのか、課題を明確にしなければなりません。それを曖昧にしたままでは明快に頭を働かせることはできません。

課題が決定したら、「考える」段階へと入っていきます。前に述べたとおり、「考える」ためには、次の三つのステップを踏みます。

1. 分析する
2. 解釈する
3. 検証する

詳しく説明していきましょう。

ステップ1 分析する

まずは、今置かれている状況や今ある情報を「分析」します。
「分析」とは、物事をいくつかの要素に分け、その性質や構成などを細かい点まではっきりさせることをいいます（ビジネス分野や研究領域によって、用いられ方の異なる言葉ですが、本書では論理的な思考の手順をわかりやすくするため、分析と解釈を区別します）。

この分析は、2時間目で学習した「把握する力」をさらに推し進める面があります。

解決すべき課題が何なのかを見定めるという点では同じです。ただ、情報を収集・整理する段階と異なり、判断材料となるように情報の要素一つひとつをはっきりさせていくのです。

分析するのに便利な思考ツールとして、「**ロジックツリー**」があります。

ロジックツリーは、**「なぜ?」「どのように?」を繰り返し問いかけて、分解していく方法**です。

「他に何かないか?」を意識して、できるだけモレなくダブリなく分解していきます。つまり、MECEを使います。

たとえば、あなたはいくつかの店舗を担当しているファストフード店のエリアマネジャーだとします。競合店の出店もあってか、ある店舗の売り上げが昨年来低迷したまま、復調の兆しがありません。

売り上げ回復のために考えられる手立ては、店舗の改装、移転、業態変更の三つです。

あなたはどれを選ぶべきでしょうか？

いずれを選ぶにしても判断すべき要素は複数あります。頭の中だけではぐるぐると思いがめぐるだけで、答えを出すのは難しそうです。

ロジックツリーはこのような場面で効力を発揮します。「どのように？」の問いかけを重ねながら進めていきましょう。

そもそもの選択肢として、売り上げが低迷している店舗に対して2択があります。

A　テコ入れをする

B　そのままにしておく

Aの「テコ入れをする」は、

A－1　店舗の改装をする

A－2　店舗を移転する

A－3　業態変更する

の三つに分解することができます。
さらにA－1「店舗の改装をする」は、
A－1－1　内外装を全面改装する（費用5000万円）
A－1－2　外装のみ改装する（費用2000万円）
A－1－3　内装のみ改装する（費用3000万円）
に分解できます。

同様に、A－2も候補地によって移転開店費用の異なる選択肢に分解できます。
A－3は業態に応じて、改装費用とスタッフの入れ替えや再教育に伴うコストに複数のパターンが生じます。

このように分解することで、選択肢ごとの期待利益とリスク・コストを一覧化して判断できるようになり、当てずっぽうに結論を出すということがなくなります。
ただし、ロジックツリーを作る段階では、優先順位や実現可能性は考慮していませんから、作っただけで正解が見つかるわけではありません。

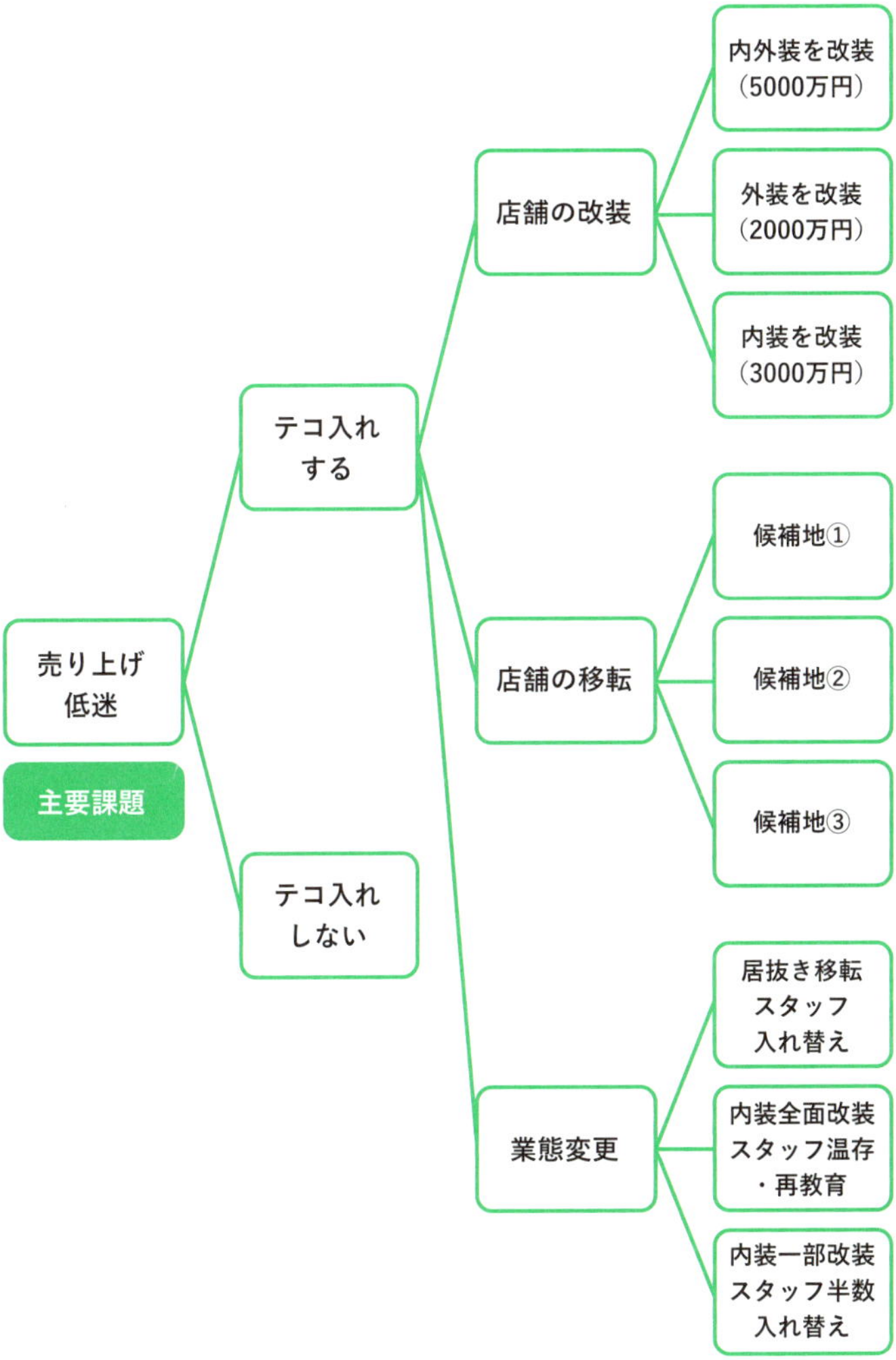
売り上げ
低迷
主要課題
テコ入れ
する
テコ入れ
しない
店舗の改装
店舗の移転
業態変更
内外装を改装
(5000万円)
外装を改装
(2000万円)
内装を改装
(3000万円)
候補地①
候補地②
候補地③
居抜き移転
スタッフ
入れ替え
内装全面改装
スタッフ温存
・再教育
内装一部改装
スタッフ半数
入れ替え

「それが本当に実現可能か」「それを自分たちは本当にやりたいのか」を判断していく必要がありますが、それはこの後の「解釈」のステップになります。

ステップ2 解釈する

次は、情報の「解釈」です。

「解釈」とは、言葉や物事がどのような意味・内容を表しているのかを自分なりに理解し、特定することをいいます。

簡単に言うと、「それってどういうこと?」と自分に問いかけ、答えることです。「今ある情報から何がわかるのだろうか」と、把握した情報をもとに仮説を立てていきます。

それには、三つの方法があります。

一つ目は、**言葉の定義をはっきりさせる**こと。

「定義」とは、物事が表す意味を他と区別するために、言葉ではっきりと限定することです。

「考える」ときに、言葉が単体で使われることはまずありません。ひとまとまりの文の中で用いられるのが普通です。そして、言葉が表す意味は、前後の文脈との関係で定まっていくものです。辞書で調べて終わりではありません。

A　僕が君の植木鉢になろう。
B　あー、植木鉢は燃えないごみだから木曜日に出してね。

Aの「植木鉢」は花に見立てた女性に対し、その支えとなる存在という意味です。それに対して、Bの「植木鉢」は物体としての植木鉢ですね。

言葉、物事について「今ここではどういう意味で用いられているのか」を意識することで、目の前の課題に対する考えが説得的なものになっていきます。


二つ目は、**まとめる**こと。

国語では「抽象化の力」と呼ぶものです。

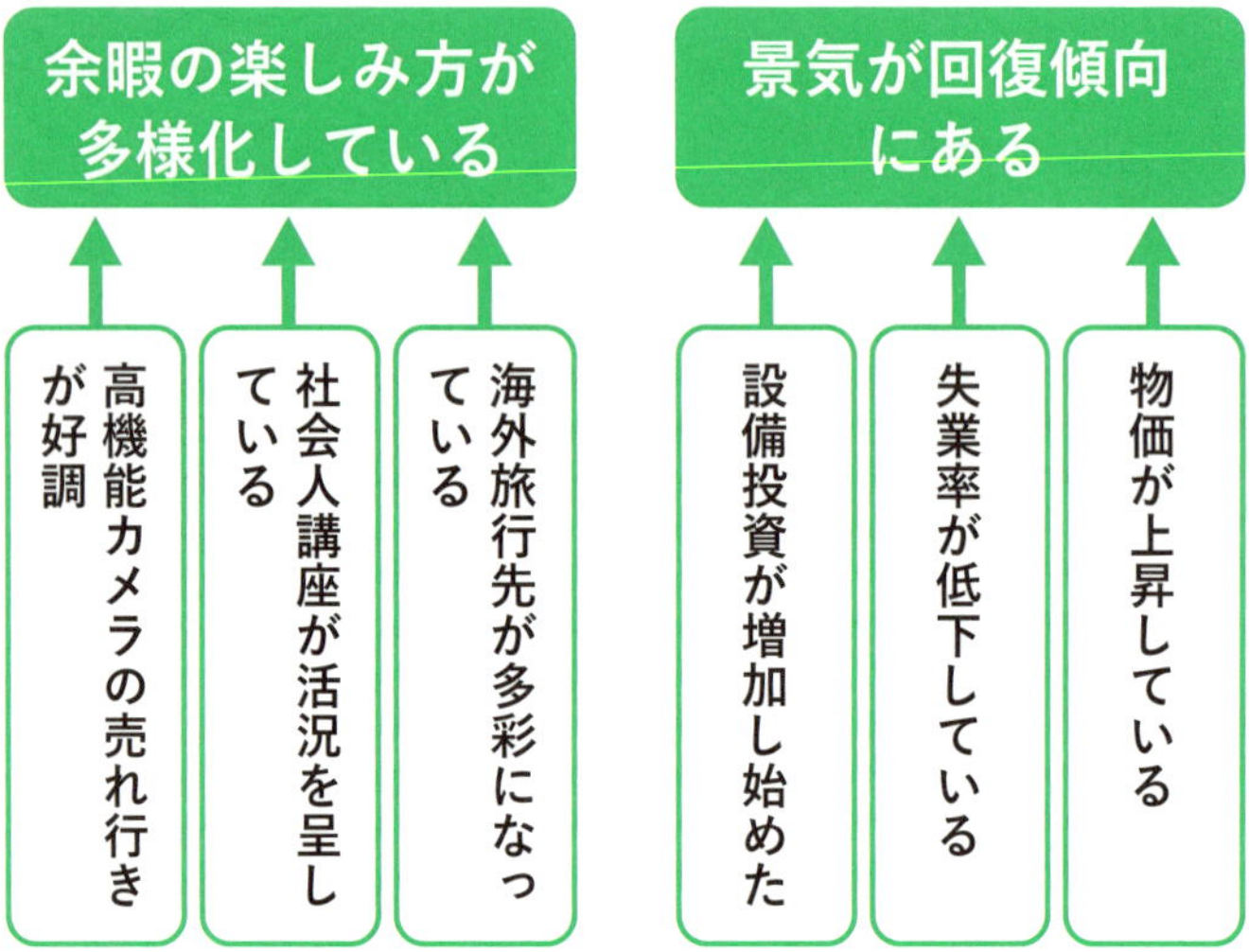
余暇の楽しみ方が多様化している
景気が回復傾向にある
海外旅行先が多彩になっている
社会人講座が活況を呈している
高機能カメラの売れ行きが好調
物価が上昇している
失業率が低下している
設備投資が増加し始めた

上の図は、下に位置している複数の具体的な事柄について、相互に共通する要素を見つけ出し、ひとまとまりの表現にしたものです。

「景気が回復傾向にある」と、「余暇の楽しみ方が多様化している」とまとめてみましたが、この二つのまとまり自体も、相互に関係していそうですね。

景気の波と余暇の楽しみ方には一定の相関関係があるのではないか？　そんな仮説も導けます。

そう、この「まとめる」という思考の優れたところは、今ある情報を組み合わせて、新しい情報を導き出せるという点にあるのです。

ロジックツリーで使った「分解」の視点は、「なぜ？」「どのように？」とさらに掘り下げていきました。

反対に、**まとめるときの頭の使い方は「これらからわかることは何？」**です。

一つひとつを見る「木の視点」から、ひとまとめにして見る「森の視点」に切り替えていく感覚です。

ただ、この「まとめる」ことが苦手な人もいるでしょう。一つひとつの事柄に引きずられて視点を大きく持てなかったり、まとめたつもりで共通要素が入っていなかったり……。

中学受験でも、この「まとめる」作業がうまくいかずに国語嫌いになってしまう子どもがたくさんいます。

ではどうすれば、まとめる力は伸ばせるのでしょうか？

それには、物事をいろいろな角度から見る意識が役立ちます。対比思考と言いますが、これについて詳しくは後述します。

そして三つ目は、**自分の知識・経験・価値観に照らして「判断する」**こと。

頭の使い方は、「それってどういうこと？」です。

分析して得た事実から何が言えるか、意味を引き出す働きで、とても重要な頭の使い方になります。

先の「まとめる」とも近いですが、「まとめる」が共通要素で一つに束ねる働きであったのに対し、この「判断する」は、事実をもとに新たな発見を得ていく点が異なります。

たとえば、

・新聞購読者数が過去10年間一貫して減少している
・「テレビをまったく見ない」と回答した人の比率が過去5年で倍増した
・日本人口に占めるＳＮＳ利用率は過去5年で50％増加した

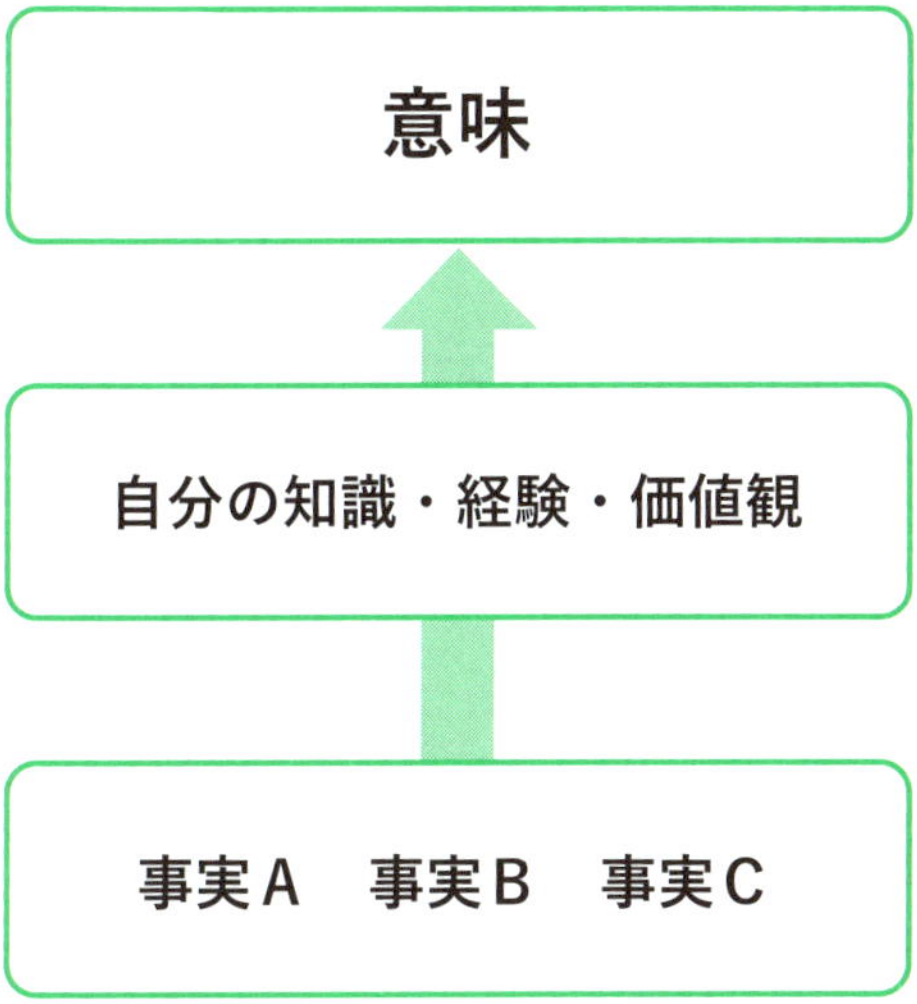

これらの事実は何を意味しているでしょうか。「それってどういうこと?」と自問自答して、何らかの意味を導いてみましょう。

「旧来のメディアが魅力を失った」と判断する人もいるでしょう。

「一方通行のコミュニケーションは敬遠される時代になった」ともいえそうです。

「情報はネットから得られるものだけで十分と考える人が増えている」のかもしれません。

このように「判断」した結果は、人それぞれ異なるものです。頭の働かせ方が前ページの図のように、判断する人の知識・経験・価値観に基づいているからです。

つまり、「判断」とは本質的には主観的な働きです。だからこそ、判断の根拠が重要になります。「自分がそう思うから」では論理的な思考になりません。「それってどういうこと？」と自分に問いかけて意味を導いた後に、「ホントに？」と自分の判断を疑う意識を持つことが大事なのです。

ステップ3 検証する

最後に、課題を解決できるかどうかを「検証」します。

「検証」とは、実際に調べて証拠立てること、仮説を実証することです。ここまで考えてきた内容が、相手にとって説得的なものになっているかどうかを確かめることです。

ポイントは三つ。

①目的に合っているか
②実現可能か
③根拠があるか

まず、①「目的に合っているか」という点ですが、「そもそも何の話?」と問いかけることが役に立ちます。

扱う問題が複雑になればなるほど、「分析」から「解釈」を進めるうちに思考が細部に落ち込んで、本来の目的から外れてしまいやすいからです。

次に、②「解決策が実現可能なものであるか」を点検します。いい結論のように見えても、実現させる条件がそろっていなければ机上の空論となってしまいます。

簡単に言うと、「あなたに実現できそうですか?」ということです。自分が何を知っていて、何がわからないのか、時間的に可能か、実行に必要な能力・材料などはそろっているかを確認していきます。自分自身を点検する力ですね。

ここで「わからない」「知らない」というのも、問題解決を論理的に進める上では重要な要素です。「たぶんできる」とか、「なんとも言えない」など、曖昧なままにしてしまうより、はるかに明快です。

そして最後の検証ポイントは、③「根拠があるか」です。

「なぜそんなことがいえるのか」「○○と考えるほうが妥当ではないか」と反論されないよう、解釈には根拠・論拠を示す必要があります。

自分が物事を客観的に見ており、主観判断に引きずられていないという姿勢を示すことで、説得力が増していきます。

「根拠がある」というためには、因果関係を明らかにする方法と、判断材料となった客観的な事実を示す方法があります。

あなたがビジネスのタフな交渉に臨むシーンでも、また企画立案して上司に提出しなければならない場面でも、お客様との日常的なやりとりの中でも、「考える」という作業は常に必要とされます。

そのとき、「分析」→「解釈」→「検証」のプロセスを意識するだけで、思考の筋道が立ち、論理的に考えられるのです。

なぜ対比思考が必要か？

2時間目で見たとおり、物事をいろいろな角度から見ることができるようになると、思考を深める上でとても有利です。

「自分にとっては○○だけれど、相手にとっては××かもしれない」「○○だけど、別の角度から見たら××ということでも、△△ということでもある」というように、さまざまな視点を持つこと。これを「**対比思考**」といいます。

対比思考とは、**二つ以上の事柄を比べて考えることで、それぞれの特徴をはっきりとつかむ方法**です。「対比的に物事を見る視点」と言い換えることもできます。

対比思考が身についていないと、日常生活にも困ったことが起こります。

たとえば、新入社員に対して、「棚にあるあの本をコピーして、コピーは机の上に置いておいて」という指示をしたとしましょう。

この指示の中には、もちろん「〝コピーは〟机の上に置きなさい（それに対して、〝もとの本は〟もとどおりに棚に戻しなさい）」ということまで含まれています。

しかし、もしその新入社員が対比思考の力をまったく持ち合わせていないならば、言外の意味まで汲み取ることができません。

「もとの本については何も言われていないから」と、コピーしたものと一緒に机の上に置くかもしれないし、コピー機のあたりに放置してしまうかもしれません。

「机の上に置きなさいと言ったのはコピーだけでしょう。もとの本は棚に戻しておかなきゃダメじゃない」などと注意すると、「ちゃんと言ってくれないとわかりません」と言い返してくるかもしれません。

冗談のようですが、対比思考が育まれていない人は、本当にこんなトラブルを起こしてしまうのです。

論理力を鍛えるのに、なぜ対比思考が必要なのでしょうか？

それは、論理的に考えるには相対するもの同士を比べ合わせて、**第三者的に見ること**が効果的だからです。

人は誰でも主観で物事を判断しています。自分の経験や知識に基づいて捉えるのですから、どうしても偏ったものの見方になります。自分の意思だけで客観的になろうとするのは、とても難しいのです。

「自分にはこれは適切でないと思われるけれど、他の人が見てもそうなのだろうか」と考えるときに、自分の経験や知識だけでは答えは出ません。他の人の意見を聞きたいですよね。

他の人の意見と比べ合わせたときに、はじめて自分のものの見方が理に適っているのかどうかの判断ができるようになるのです。

この対比思考は、発想を広げたり、問題を解決したりするときにも役立ちます。

たとえば、企画を立てて実行してみたものの、失敗に終わってしまった……。こういうとき、「今回は残念だったね」で終わってしまったら、その先に続くものはありません。

なぜ失敗したのか？

それを追究してこそ、「失敗は成功のもと」となり、次につなげることができます。そのときに、目の前にある情報や自分の価値観だけで物事を考えても、解決策は得られないでしょう。

ビジネスは相手があって成り立つものです。自分たちの主観的な立場でいる限り前進はありません。

「今回、失敗してしまったのは、そもそもターゲットが間違っていたのではないだろうか？」

「まだ時期が早かったのではないだろうか？」

「自社のアピールポイントは、他社と比べてどれくらいの優位性があったのだろうか？」

こうして、物事を一点から見るのではなく他の視点と比べ合わせて見ることは、さらに俯瞰的な見方へとつながり、失敗の原因に気づいたり、新しいアイデアを見つけたりすることにつながるのです。

論説文で対比思考を鍛える

対比思考は、6年生の論説文でより明確に紹介されています。

時間学を専門に研究されている心理学者の一川誠さんが書いた『時計の時間と心の時間』という論説文です。

この中で、著者はこう述べています。

私たちの暮らしには、性質の違う二つの時間があります。一つは時計が表す「時計の時間」、もう一つは、自分が感じている「心の時間」です。

「心の時間」には、さまざまな事柄の影響を受けて、時間の進み方の感じ方が変わったり、人によって感覚が違ったりする特性があります。

その考えを伝えるために、著者は次の四つの内容を例に挙げています。

「心の時間」とは、

①その人がそのときに行っていることをどう感じているかによって進み方が変わる。
②1日の時間帯によって進み方が変わる。
③身の回りの環境によって進み方が変わる。
④人によって感覚が異なる。

この四つの例を挙げることで、著者は自分の考えに説得力をもたせているのです。

そして、最後にこう締めくくっています。

ここまで見てきたように、「心の時間」は、心や体の状態、身の回りの環境などによって、進み方がちがってきます。また、私たちはそれぞれにちがう「心の時間」の感覚をもっています。そうした、「心の時間」のちがいをこえて、私たちが社会に関わることを可能にし、社会を成り立たせているのが「時計の時間」なのです。このことから、「時計の時間」が、私たちにとっていかに不可欠なものであるかが分かります。それと同時に、「時計の時間」と「心の時間」には、必ずずれが生まれることにも気づくでしょう。「心の時間」の感覚のちがいもあわせて考えれば、いつも正確に「時計の時間」どおりに作業し続けたり、複数の人が長い時間、同じペースで作業を進めたりすることは、とても難しいことだと分かります。

このように考えると、生活の中で「心の時間」にも目を向けることの大切さが見えてくるのではないでしょうか。さまざまな事がらのえいきょうで、「心の時間」の進み方が変わると知っていれば、それを考えに入れて計画を立てられるでしょう。また、人それぞれに「心の時間」の感覚がちがうことを知っていれば、他の人といっしょに作業するときも、たがいを気づかいながら進められるかもしれません。私たちは、二つの時間と共に生活しています。そんな私たちに必要なのは、「心の時間」を頭に入れて、「時計の時間」を道具として使うという、「時間」と付き合うちえなのです。

こうして見ていくと、この論説文は「二つの性質の違う時間」を取り上げながら、論理力に不可欠な対比思考に触れ、相手の気持ちや考えを理解する大切さについて述べていることがわかります。

授業では、著者の考えと事例とのかかわりを捉えながら、読み手がどう感じたかを発表し合います。そのとき、著者の考えに共感したところ、納得できなかったところなどを整理し、自分の意見をまとめます。

そして、この論説文を読んで「時間」についてどう思ったのか、自分の体験など具体例を挙げ、考えたことを発表します。

論説文には必ず著者の考えと、それを裏付ける根拠や理由が述べられています。しかし、どんなに有名な人が書いたとしても、著者の考えが必ずしも正しいというわけではありません。それを読んで、読み手がどう感じるかは自由なのです。

大事なのは、自分の考えと照らし合わせながら読むこと。論説文を読むには、文章全体の構成を確かめた上で、全体を大きく「初め」「中」「終わり」と分け、場面ごとに著者の考えの進め方を捉えていきます。

そのとき、意識的にこんな合いの手を入れながら文章を読み進めていきます。

「私もそう思います」
「この部分は僕は違うと思います」
「説明がわかりにくいです」
「そんなふうに言い切れないと思います」

このように、自分と著者の考えを対比させるのです。

つまり、【考える】ことの入口は、「自分もそう思う」、「そうかもしれない」といった『共通点』と、「そうかな?」、「少しわかりにくいな」といった『違い』に二分されます。

著者の考えと自分の考えとの「共通点」や「違い」を意識しながら読む。そうすることが思考の幅を広げてくれます。

物語文は「考える力」を鍛える絶好のツール

思考力を鍛えるのは、論説文だけではありません。実は、物語文も思考力を育むのに適した素材です。

ただ、いきなり物語文の話に入ると、わかりにくく感じる方がいらっしゃるかもしれません。「読解」の定義について、人それぞれで理解が異なるからです。

そこでまずは、私の考える「読解」について話しておきたいと思います。

読解とは、意図をもって文章を読み、優先度の高い情報を収集・整理し、それが表す内容を論理的に解釈するという一連の行動を指す。

私はこのように考えています。

文章の世界に浸って感覚的な広がりを楽しんだり、ストーリーにのって感情の起伏を楽しんだりする読書とは、別物です。

意図をもって読むとは、その文章を読むことを通じて自分は何をしたいのか、目的をもって取り組むという意味です。

・筆者が読者に問いかけている事柄の核心をつかんで、自分自身の漠然とした思いに言葉を与えたい。

・筆者の結論には感覚的に共感できるが、何を根拠にどのような論理によってそう言えるのか、頭を整理したい。

・登場人物の細やかな心の動きを丹念に読み取ることで、作者が描き出そうとした人間の実相をつかみとりたい。

といったものです。

国語のテストでは、必ず「設問」がありますよね。なぜ設問が必要なのかご存じですか？

おかしな質問に聞こえるかもしれません。テストなんだから設問があって当たり前、ですね。問題がないと答えが出せませんから。

でも正確に言うと、ちょっと違うのです。

「設問がないと、**素材文をどのように読めばいいのかの方針が立たない**ので、解答することもできない」というのが正確です。

同じ文章、同じ場所に傍線が引かれていたとしても、設問が異なれば解答も異なります。国語のテストの答えとは、文章の中から自然と生まれてくるのではないのです。**設問の指示に従って、文章を読み取っていく**先に答えが生まれてくるのです。

つまり、国語の問題を解くために文章を読解するときは、

①読んでいく方針があって、

②その方針を前提に優先度の高い情報を文章中から拾い出し、

③それらの情報を設問の意図に従って解釈する。

というステップを踏んでいくのです。

その中でも重要なのが、③の「解釈する」です。

「考える」ために必要な三つのステップの②（94～100ページ）で説明しましたが、その際に絶対に守らなければならないルールがあります。


それは、**「客観的に進める」**ということです。


この解釈を自分の感覚に従って主観的に進めてしまうと、「読みたいように読んで、聞きたいように聞く」状態に陥ってしまいます。一人でわかったつもりになっている状態ですね。

これは読解とはいいません。論理的であることが重要です。

その点、物語文は論理的読解力を鍛えるのに格好の素材なのです。

なぜなら、たいていの人は物語文を読むときは、感覚に頼った読み方をしているからです。論理的に読もうとすると、意識的に取り組む必要があるわけです。

さらに場面ごとの状況や登場人物の心情に着目しながら読み進めていくことで、論理力に不可欠な「情報収集・整理する力」や「相手の気持ちや考えを理解する力」も鍛えることができます。

4年生（上）の教科書に、戦争をテーマに描いた『一つの花』（今西祐行 作）という物語文があります。「あっ！ その話、覚えている！」という方もいるのではないでしょうか。女の子（ゆみ子）の「一つだけちょうだい」というセリフが心に残る作品です。

この物語は、「戦時中の家族の様子」「父親が出征するときの様子」「それから10年経った戦後」の三つの場面で構成されています。

授業では、場面ごとにその時代の状況、場所の様子を捉え、登場人物の行動や会話に着目しながら、それぞれの家族の気持ちを考えていきます。

その読み取り方は、次のような構造になります。

A 前提条件（これまでの人間関係、過去の出来事、社会的立場など）

← B　今、起きていること

← C　登場人物の心情・考え

← D　登場人物の行動・会話・表情

Cの心情や考えを読み取るには、A、B、Dのすべてを客観的に総合判断する必要があります。

相手が何を考えているのか、どんな気持ちでいるのかを他人が正確につかむことはできません。けれども、周辺情報から論理的に判断することで、おおよその心の内をつかむことはできます。

場面や登場人物の気持ちに気をつけて読もう

▼「一つの花」の設定をたしかめましょう。

・登場人物はだれで、どんな人ですか。
・いつの時代の物語ですか。
・きせつはいつですか。
・どんな場所がえがかれていますか。

▼登場人物の行動や会話に着目し、それぞれの場面の登場人物の気持ちや世の中の様子、出来事をたしかめましょう。

登場人物の行動や会話	登場人物の気持ち	世の中の様子や出来事
ゆみ子「一つだけちょうだい。」 お母さん「じゃあね、一つだけよ。」		

この考え方は、「相手の気持ちや考えを理解する力」につながります。

国語のテストで高得点をとれる子、とれない子

ここで、国語のテストで高得点がとれる子どもと、とれない子どもの違いをお話ししたいと思います。

本を読むのが好きで作文も得意という点は共通しているのに、国語のテストだけは差がついてしまうということはよくあるのですが、そこにはもちろん理由があります。「設問が読めているかどうか」、この一点です。

国語のテスト問題というのは、素材文を読んでいない人でも「ああ、なるほどね」と理解・納得できる答えを求めています。

たとえば、「『なんとも言えず悲しい気分になった』とありますが、どういうことですか」という設問であれば、今題材になっている文章を読んでいない人にも、その登場人物が「悲しい気分になった」ときの状況や理由がわかるように説明しなければな

りません。

答え方としては、次のようになります。

《登場人物が出会った出来事》＋《それまでの事情に基づくその人物の受け止め方》＋《その結果生まれる感情》ということ。

このように答えられる子どもは、設問に取り組む時点で、文章を読んでいる自分以外に「世の中一般の人の物事の捉え方や知識」も意識できています（実際に「世の中一般の～」と考えてはいないでしょうが）。

問題に答える経験を通じて、「世の中一般の判断軸」を覚えてきたのですね。

一方、読書が好きで表現力も豊かなのに、テストではまったく点数がとれない子どもや、学年が上がるたびにどんどん成績が下がる子どもがいます。

こういう子どもは、設問に答えているつもりで、実際には自分の感じ方をただ語ってしまっているのです。

感情移入する力があるから、登場人物の気持ちは手にとるようにわかる。

ところが、「『なんとも言えず悲しい気分になった』とありますが、どういうことですか」という設問を、このときの気持ちの中身を詳しく説明すればいいのだと誤解してしまうのです。

だから、心情は詳しく書かれていても、設問が求めている要素の一つである「どのような状況がその気持ちを生んだのか」が抜けてしまうため、半分の点数しかもらえない答えになってしまうわけです。

テストでは、「題材になっている文章を読んでいない人にも、状況や理由がわかるように説明する」という客観性が大切なのです。


このように国語における物語文読解は、客観的理解を軸に置くものなので、「その気持ち、私もわかる！」という感情移入型の共感的理解とは一線を画しています。

〈意見を聞き合い、考えを深める〉

決めよう・集めよう
❶どんな未来にしていきたいかを考える。

↓

話そう・聞こう
❷たがいの意見を聞き合って、考えを深める。

↓

書こう
❸意見文の組み立てを考える。
❹意見文を書く。

↓

伝えよう
❺意見文を読み合う。

（6年生「未来がよりよくあるために」より）

思考を深めるための意見交換

6年生になると「意見を聞き合って考えを深め、意見文を書く」という授業があります。活動の流れは上の図のとおりです。

ここでは、「未来の社会がよりよくあるためにどんなことを大切にしていきたいか」について考えます。

現在の社会や自然環境、身の回りのことなどに目を向けて友達同士で話し合い、考えを書き出していきます。

〈分類図〉

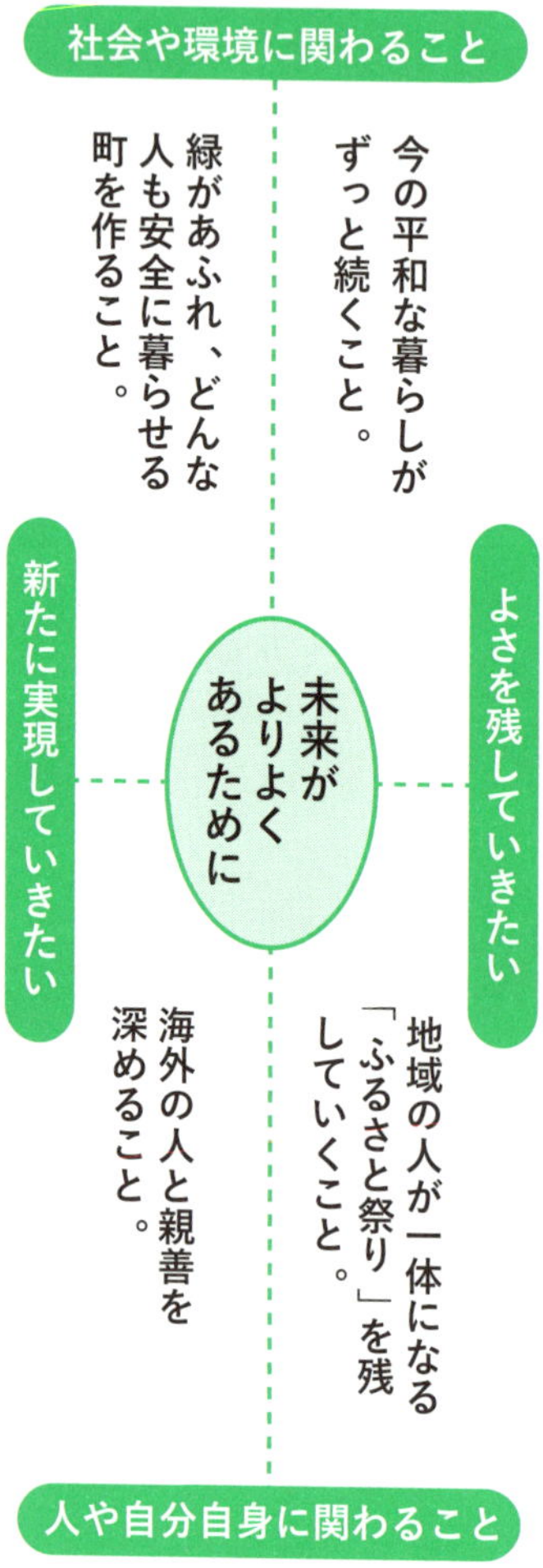
社会や環境に関わること
今の平和な暮らしがずっと続くこと。
緑があふれ、どんな人も安全に暮らせる町を作ること。
よさを残していきたい
未来がよりよくあるために
新たに実現していきたい
地域の人が一体になる「ふるさと祭り」を残していくこと。
海外の人と親善を深めること。
人や自分自身に関わること

教科書では、このように分類図を作り、それぞれの考えを挙げています。

分類図は、思考を広げたり、マーケットの対象を探ったりするときなど、ビジネスシーンでもよく使われます。

書き出した中から最も大切にしたいことを決め、それがよりよい未来につながると考える根拠になりそうな情報を、本やインターネットで調べます。これは2時間目で学んだ「把握する」の段階ですね。

ぼくは、今の平和な暮らしが、ずっと続いてほしいと思います。そこで、ノーベル平和賞を受賞した人を調べ、その中で、マザー＝テレサの本を何冊か読みました。マザー＝テレサは、「平和はほほえみから始まります。」という言葉を残しています。ぼくは、それを読んで、身近な人のえがおが、「平和」への第一歩なのではないかと考えました。

どうして、えがおが平和につながるのだろう。

「えがお」というのは、私が考えている「人のきずな」というキーワードと、似ているところがあるみたい。

別の意見の人どうしで聞き合う場合

別の意見でも、考え方や根拠などに似ているところがないか、比べながら聞く。

似た意見の人どうしで聞き合う場合

意見は似ていても、考え方や根拠などは多様であるので、自分の考えと、どこが、どのようにちがうのか、比べながら聞く。

次に、グループで自分の意見とその理由を発表します。そのとき、聞き手は友達の意見と自分の考えを比べながら聞くようにします。

自分の意見と対比しながら相手の意見を聞き、互いに質問や助言をし合って、考えを深めていきます。

こうして見ていくと、小学生がやっている「互いに意見を聞き合う」学習は、先に説明した【考える】ステップの「分析」→「解釈」→「検証」のプロセスと同じであることに気づきませんか。

小学生の国語では、「分析」や「解釈」、「検証」という言葉は出てきませんが、考える手順は同じなのです。

図表で考えるテクニック

2時間目の「把握する」では、情報を整理したり、説得力のある根拠を示したりするときに、グラフや表が有効であることをお伝えしました。一方、前項では考えを広げるツールとして分類図が出てきましたね。

この3時間目でお伝えしたいのは、図や表は、情報を整理するためだけのものではないということです。思考のプロセスを上手に進めるためにも、図や表は大いに役立ちます。

次に紹介するのは、6年生の教科書に出てくる図表です。自分の考えを促進するために有効な五つの図表が紹介されています。

【グルーピング】【ベン図】【表】は2時間目でも出てきましたね。

こうした図表は、ビジネスでは欠かせないものとなっていますが、私たちは小学生のときからすでに活用していたのです。

【ワードマップ】発想を広げる

アイデアを掘り起こすときに役立ちます。真ん中にテーマを書き、そこから思いつく事柄を書き出します。その事柄からさらに思いつく事柄を書き出し、つながりのある事柄は線で結びます。

頭の中で考えたことは、すぐに忘れてしまいがちです。考えたことを忘れないように書き残し、書くことで考えをつなげ、頭の中にあった考えを「可視化」し、発想を広げます。

【時系列】流れで考える

今日やるべきことや計画の手順などを整理するときは、時間の流れに沿って行動を書き、矢印でつないでいきます。

会社に着いたらメールチェック、アポとり、企画書作成など、今日やるべきことを時間の流れに沿って書いていくのです。すると、今日やるべきことが明確になるだけでなく、自分が思っていたほど忙しくないことに気づいたり、今日やるべきことのモレを防いだりすることもできます。

この時系列による表し方は、目標達成の手順を明確にするときにも役立ちます。

【グルーピング】分類して考える

詳しくは2時間目で扱いましたが、ここでは応用的な使い方の紹介です。似ている事柄同士をグループにし、さまざまな事柄や意見をキーワードごとに整理するわけですが、そうすることで、いま自分たちが解決すべき課題が何なのかをはっきりさせるという効用があります。思考を迷走させず効率よく進める手助けとなります。

【ベン図】同じ点と違う点で比べる

2時間目では、共通部分と相違部分を整理して見分ける使い方を紹介しました。ここではさらにその先の活用法を扱います。集めた情報をベン図によって視覚的に整理することで、思考を促進させてみましょう。

たとえば、解決策を考えるときです。

取引先から契約をキャンセルされてしまったという問題が発生したとき、ベン図の上に「A社契約破棄」というタイトルを書きます。そして、ベン図の重なり合う部分を「よくも悪くもないこと」、あと二つの箇所を「よかったこと」「悪かったこと」として、それぞれ考えられることを書き入れていきます。整理してみると多くの要素が真ん中に集まり、「よかったこと」にくらべて「悪かったこと」が目立って見えることに気づきました。

このように、ベン図は要素がいろいろあるときにそのまとまりをすっきりと表すことで、思考を動かすのに活用できます。

【表】相違点から考える

2時間目で見たとおり、表は観点別に整理して共通点と相違点を見るのに便利でした。相違点が見えれば、次の一手を思考することも容易になっていきます。

このように、図表は情報を整理するだけでなく、アイデアを出したり、解決策を考えたりなど、思考を促進することにも活用できます。

では、「思考」についてはこれくらいにして、論理力の仕上げ段階である「伝達」に入っていきましょう。

4時間目

▼

伝達する

SS-1が実践する「声かけメソッド」

「もう少し具体的な説明がないとわからないよ」

「結局、何が言いたいの？」

自分の言いたいことが、相手にうまく伝わらない。そんな経験をしたことはありませんか？　どうしたら相手にきちんと伝わるのか？

それには、伝わるための「ルール」と「型」を知っておくことです。

私が運営する中学受験個別指導教室でも実践し、親御さんにも推奨している「声かけメソッド」というものがあります。

「声かけメソッド」とは、子どもの様子を細かに観察しながら、タイミングよく適切な問いかけを行うことで、気づきの力を引き出し、思考する力を伸ばしていく手法の総称です。

科目指導を行う上では、その科目ごとの特性に応じて言葉のかけ方は変わるのですが、目指すところは同じです。

「深いコミュニケーションをシンプルに行う」こと。

たとえば国語の授業において、生徒が文章を読み進める際のこと。ひととおり読み終えるのを待って、「さて何について書かれた文章かな」と問いかけるのは、学校や塾の先生たちがよく行うやり方です。

先生としては、生徒の文章理解度を確認しているつもりなのですね。

でも、これはあまり適切なやり方ではありません。みなさんも学生当時を振り返ってみていかがでしょうか。

こういう問われ方をされて答えられるときというのは、その文章内容が余裕で読み取れたときに限られていませんでしたか。

文章を読んでいる最中に、「あれ、うまく読み取れている気がしないぞ。難しいな」と感じているのに、最後まで読み終わるのを待たれて、「さて何について書かれた文章かな」と聞かれたときは、「あの、えーと、（たぶん）○○の話です」と、最後の段落で目についた言葉をとりあえず答えるしかない、となりませんか。

先生が結論を聞いているだけだから、生徒側には何の深い理解も起きていないのです。今自分の中でわかっていることを話しているだけ。

一見、双方向のやりとりが起きているように見えながら、実は、《先生→(形式的な問いかけ)→生徒》、《生徒→(自分の思いつき)→先生》と、それぞれが一方的に自分の言葉を伝えているだけです。


それに対してSS-1の講師は、生徒とのコミュニケーションを、生徒が文章を読んでいる最中から始めます。

その子が文章を読んでいるときの姿勢、目の動き、表情のちょっとした変化を観察して、今この子の頭の中では何が起きているのだろうということを感じ取ろうとします。

そして、その子にとってちょうどいいタイミングに、短く問いかけを行います。

一つ目の段落を読み終わろうとするタイミングで、「この文章の種類は何かな?」。

生徒は「ええと、物語です」と答えながら、「物語」ということを意識します。

講師は「そうだね。物語を読むには何に気をつけていこうか？」と次の問いかけをします。「人物の気持ち、あと、どこで何が起きたかを見ます」と生徒が答える。

このように生徒自身が気付いた、感じ取ったであろうタイミングで声をかけ、言葉をかけることで、実感を伴った理解を深めさせています。

こういうコミュニケーションをとると、授業テーマの理解度は格段にアップします。まさに、講師の指導が「伝わる」のです。

一方、先に登場したような、文章をひととおり読ませた後で「さて何について書かれた文章かな」と聞くような先生だと、こうはいきません。

「情景描写とは人物の気持ちを間接的に読み取らせるために、周囲の光景、状況の描き方を工夫することです。文章を読むときには人物の様子だけでなく、周りの描かれ方にも注意しましょう」と冒頭に説明して、「では文章を読んでいきましょう」と続けるのが関の山です。

間違ったことは言っていません。丁寧に、正しいことを説明しています。でも、これでは生徒に〝伝えた〟だけで、生徒の心には〝伝わって〟はいないでしょう。

なぜ伝わらないかといえば、この先生は、自分が伝えようと思っていることを、自分の頭の中で組み立てて、自分のタイミングで話しているだけだからです。

相手の受け入れ態勢がどうなっているのか、今何がわかっていて、何がわからないのか、といった相手の事情が組み込まれていません。

〝伝えてはいるけれど、伝わらない〟会話です。

「声かけメソッド」では、伝えたいことがあるときには、まず相手をよく観察することが鉄則です。

相手が今必要としていることを感じ取るタイミングに合わせて、相手の理解しやすい言葉で伝える。こちらの都合で話すのではなく、相手の心に届くように言葉をかける。だから、〝伝わる〟のです。

つまり、伝わるためのルールとは、**相手をよく観察し、自分と相手のタイミングを合わせて、相手に届く言葉で話す**ことです。

「結論＋説明＋結論」で話は必ず論理的になる

伝わるコミュニケーションを行うには、ルールだけでなく基本の型を知っておくと便利です。

英語をはじめとする多民族国家の言語には、伝えるための「型」があります。たとえばエッセイなら、

イントロダクション　Introduction【結論（概論）】
↓
ボディパート　Body part【説明（根拠・理由）】
↓
コンクルージョン　Conclusion【結論】

といった3構成が徹底されています。そうでなければ、共通認識をもっていない読

み手には、どう読んでいいのかわからないからです。

伝達には「わかりやすさ」が大切です。まずは話の結論から始めて、次に状況や出来事を、時間の流れを追いながら時系列で伝える。そのとき、余計な内容はできるだけ省き、話をシンプルにまとめることがポイントです。そして、最後に結論に戻る。

話は相手に伝わってこそ成立するものです。

たとえば、取引先からクレームがあったという報告を上司にするとき、「先ほどK社の◎◎さんから、○月×日に発注した商品がまだ届いていないという連絡がありまして、管理部の△△さんに問い合わせてみたところ、どうやら管理部の××さんが発送の日付を間違えてしまったようで……」と切り出されたところで、報告されているほうからすれば何のことなのか、結果どうなったのか、聞いていてイライラするもの。

まして、相手が忙しい人ならば、正確に伝えられないまま時間切れということもありえるし、何か他の仕事に集中しているなら、耳を傾けてもらえないこともあるでしょう。

すると、早く正確に伝わっていれば難なく対処できた問題も、報告できなかったために、のちのち大問題になってしまった……、ということにもなりかねません。

だから**忙しい人ほど「そうれんほう（相談・連絡・報告）」が大切**になるのです。

あれ？「ほうれんそう」じゃないの？ と思われたかもしれません。ですが、よい仕事をするには、「そうれんほう」の順番が正解です。

どんなビジネスでも、仕事は一人ではできません。バックグランドが異なるさまざまな人たちが協力し合って進めていくものです。そのために、言葉や文章によってお互いの情報を共有し合う必要があります。

そこで一番重要なのは「相談」です。まず共有の土台を作る。次は、途中経過の「連絡」です。連絡があれば上司も安心して部下に仕事を任せられます。そして出た結果を「報告」すればいいのです。

この「そうれんほう」も「結論」＋「説明」＋「結論」の順で話しましょう。そうすることによって、次の三つのメリットがあります。

①集中して聞いてもらえる

どんな人でも、人の話を完全に集中して聞ける時間には限度があります。大事な話を相手にしっかり聞いて欲しいのであれば、最も伝えたいこと（結論）を最初に伝えるほうが、相手は集中して聞いてくれます。

②話の内容がすぐにわかる

忙しい人に話を聞いてもらうには、伝えたいことを簡潔に話す必要があります。一番伝えたいことを先に告げることで、「この話はこういう内容だな」と相手も予測ができ、ポイントを逃さずに聞いてもらうことができます。

③話が脱線しない

論理力のない人によく見られる傾向として、話題から話し始めると、それに付随するいろいろな話へ飛んでしまうことがあります。結論を先に述べることで、それ以外の話に脱線することを防ぎます。

「そうれんほう」に限らず、人に話をするときは、見聞きしたことをそのまま話すのではなく、事実や自分の考えを一度整理して、相手が何を求めているのか、何を聞きたいのかを考えながら優先順位を決めておかなければなりません。

つまり、ここで重要になるのが、「把握する力」と「思考する力」です。

論理的な状態とは、「把握」と「思考」のプロセスを経て、「伝達」へとつながっていることです。「把握」と「思考」をせずして、「伝達」することはできません。それはただのおしゃべりにすぎないのです。

このように、自分が伝えたいことを相手に伝わるようにするには、ルールがあり、型があるのです。それを意識することで、「伝達する力」を磨くことができます。

感情トラブルを避ける話し方

コミュニケーションをとる上で気をつけなければいけないのは、「事実」と「感情」を分けることです。

人と人との会話では、事実を伝えるだけでなく、それに伴った推測や意見を伝えることもあります。

ところが、同じ話をしても、論理的に話せる人とそうでない人がいて、話し方によって聞き手の解釈や印象が変わってきてしまうことがあります。

論理的に話せない人は、事実と自分の推測や意見を整理せず話す傾向があります。つまり、話される内容が事実そのものではなくなっているので、相手に正確なことが伝わらないだけでなく、人間関係のトラブルも起きやすくなります。

複数の飲食店を管理する総括マネジャーが、店舗にやって来て、店長にこう告げました。

「来月のシフトがまだ出ていないぞ。どういうことだ！」

その背景には「この店の今月の売り上げを見ると、今週中に営業の見通しを立てておかないと、収支が合わなくなるので、店長は今すぐにでも来月のシフトを出すべきだ」という総括マネジャーの考えがあります。

しかし、現場を任されている店長からすると、日々の仕事で精一杯で、「それどころじゃないですよ！」と言いたい。アルバイトの確保よりも、お客様からのクレームを出さないことが最優先だと思っています。

両者はお互い仕事のことを考えているけれど、それぞれの立場の違いが、優先順位の違いにつながっているのです。

人と話をするとき、自分がどのような立場で話すかは、話の方向性を決めたり、相手との人間関係を構築したりする上で、とても重要です。

ここで大切なのは、お互いの立場を明確にすること。

この統括マネジャーの場合なら、「今日は、**数字を背負っている店長という立場のあなたと**話したいのですが、いいですか？」と、まず相手の役割を告げます。

その上で、「収支をコントロールする上で、営業の見通しを立てることの重要さは知っていますよね？　そうすると、今、最優先でやらなければならないことは何だと思いますか？」というふうに聞いてみるのです。

そうやって、「店の収支を作るのは、店長であるあなたの仕事ですよ」という枠にはめて、その中で「今、最優先ですべきことは何だと思いますか？」と聞いてあげると、店長も目の前の状況から頭を切り離して、収支のことを考えるようになります。

そのときに、「シフトを決めるのが最優先だろ」と一方的に言うのではなく、「**総括マネジャーの立場から**私が思うには、シフトを調整することでしょうね。ムダなシフトを入れると、収支に大きな影響が出てしまう。事後的に調整しようとすると、そのために店長の時間がとられて、先の収支計画がその分だけ遅れてしまう。だから、まずは来月のシフトを決めることが**店長であるあなたの**最優先業務ではないですか？」と、「これは総括マネジャーである私の意見」とわかるように話してあげると、相手も冷静に聞くことができます。

このように、**人に自分の考えを伝えたいときは、主語を入れることで立場を明確にし、事実と感情を分ける**のが有効です。

そして、「私はこう思うけれど、相手はどう思うのだろう？」「じゃあ、他の人は？」「世の中では？」と客観視してみるのです。相対化と言ってもよいですね。そうすれば、たとえ意見が対立しても、感情での対立は防ぐことができます。

話し合いはよりよい結論を見つけ出すもの

「相手も自分と同じように考えているに違いない」

コミュニケーションギャップの多くは、このような前提から生まれます。「伝える」技術が不十分な人は、つい自分の視点だけで答えを出してしまいがちです。

小学校の国語の授業では、1・2年生は自分と友達といった主に1対1のコミュニケーションを学び、3年生になると少人数のグループ、4年生になるとクラスといったように、コミュニケーションの範囲を段階を踏みながら広げていきます。

〈話し合い、提案書を書く〉

決めよう・集めよう

❶身の回りにある問題について考える。

↓

話そう・聞こう

❷何を提案するかを、グループで話し合う。

↓

書こう

❸提案書を書く。

↓

伝えよう

❹提案書を読み合う。

（5年生「明日をつくるわたしたち」より）

コミュニケーションの範囲が広がると、直面する問題が意見の対立です。

その学びとして、5年生で上の図の流れに沿って、「考えを明確にして話し合い、提案書を書く」という活動があります。授業では「よりよい暮らしのために、自分たちのできること」をテーマにグループで一つの提案書を作ります。

まず、自分たちの身の回りにどんな問題があるかを探し、それについての考えをまとめます。

考える手順はこう示されています。

・自分たちのくらしの中で、よりよくしたいことは何か。 話題

・なぜ、それをしたいと思うか。 理由

・今は、どうなっているか。 現状と問題点

・具体的に、どのようなことをしたらよいか。 解決する方法

まさにビジネスの「問題解決」の手順と同じですね。

いくつか問題を出し合ったら、グループでどの問題について解決の方法を提案するかを決める話し合いをします。

そのときの進め方として、こんな注意点が挙げられています。

・自分の考えを伝えるときは、意見を先に、理由を後に話す。

・相手に質問をするときは、疑問をわかりやすく伝える。

・人の意見に対して発言をするときは、自分の立場を明確にして話す。

・進行役は複数の考えの似ているところと違うところを明確にしながら話を進める。

意見が対立することはさまざまな場面でありま す。どのようなときでも、互いの意見をしっかり聞き合い、受け止め、話を進めていくことが大切です。

それでも意見が対立したときにはどんな言葉を使えばいいのか、教科書には次ページの①〜④のように示されています。

ポイントは、「人」と「意見」を区別することです。どんなに親しい相手でも、意見が違うのは当然です。自分の言っていることが否定されたとしても、それはあなたという人間が否定されたの

ではありません。

話し合いの中の意見は、すべてよりよい結論を出すためのもの。これを大前提として忘れなければ、たとえ意見が対立しても、感情での対立は起こりません。

さて、提案することが決まったら、現状や問題点を整理して、提案書にまとめます。

教科書では、提案書を書くにあたって大切なこととして、次の三つを挙げています。

・現状や問題点を整理し、提案の理

❶相手に理由をたずねる言葉

「どうしてそう思うの。」

❷自分の考えの理由を伝える言葉

「なぜかというと、
――だからだよ。」

❸「理解した」ということを伝える言葉

「確かに、
その考え方も分かる。」

❹話に区切りをつけ、次へ進める言葉

「それなら、
こうしたらどうかな。」

由を明確にして書く。
・提案の内容は、なるべく具体的なものにする。
・提案したことが実現するとどんな効果があるのかを示す。

各グループで提案書が完成したら、他のグループの提案書を読み合います。そのときに、「わかりやすいな」「説得力があるな」と思ったところを伝え合います。

こうして、自分たちの考えを人に伝える方法を学習します。

「聞く力」がない人は周りを困らせる

自分のまわりに話し上手な人がいると、「何であの人はあんなに話がうまいのだろう。それに比べて自分は……」と自己嫌悪に陥ることはありませんか？

自分のことを口下手だと思っている人は、少なくないようです。書店をのぞいてみても、「雑談の力」とか「話し方のコツ」などの本がたくさん並んでいますね。

こういう意識の裏返しからか、論理的に話せる人のイメージとして、「話し上手」を思い浮かべる人は多いと思います。でも、話し上手な人が必ずしも仕事ができるというわけではありません。

なぜなら、話し上手な人というのは、自分のトークに自信があるため、気がつくと自分ばかりが話していて、一方通行のコミュニケーションに陥りやすいからです。

すると、聞いているほうは相づちばかりで疲れてしまい、気がつくと、「強引に話を聞かされてしまった」という思いだけが残ります。だから、会話として成立していないことになるのです。

世の中には「話し方」のセミナーは数多く存在しますが、それに比べて「聞き方」のセミナーというのは目立ちませんね。

そもそも、「聞き方」って、学んで伸びるものなの？

その人の持って生まれた才能や性格によるものじゃないの？

そう思う人が多いからかもしれません。

でも、「聞く力」も、実は練習することで伸ばすことができます。

〈話の意図を考えて聞く〉

決めよう・集めよう

1 グループを作り、インタビューをする順番を決める。
2 友達にきいてみたい話題を挙げ、質問を考える。

話そう・聞こう

3 インタビューをする。
4 インタビューの内容を報告する。
5 報告を聞いて気づいたことを伝える。

つなげよう

6「きくこと」について考える。

（5年生「きいて、きいて、きいてみよう」より）

5年生の授業で、上の図の活動手順で「聞く」という学習を行います。ここでは、「聞き手」「話し手」「記録者」の3役に分かれ、インタビューをし合います。

全員がすべての役を体験できるように交代して3回行います。なぜそうするのかというと、それぞれの役割によって「聞く」意味が変わることを体感するためです。

授業ではまず、友達に聞いてみたいことを考えます。その子の人柄を引き

話し手

質問に
答えながら、
話をする。

聞き手

質問を
しながら、
話を聞く。

記録者

やり取りを記録し、
報告する。

出せそうな話題は何だろう？　と考えさせ、いくつか挙げたら話題を一つにしぼって、質問を五つ用意します。

そのとき、質問を考える方法として、ビジネスでもよく使われる「ワードマップ」を活用するのですが、インタビューをするにあたって、それぞれの役割において気をつけることがあります。

【聞き手】

・最も聞きたいことを、はっきりさせておく。
・質問の順番を変えたり、準備したもの以外の質問にしたりしてもよい。

【話し手】

・聞き手が知りたいことを考え、その答えを最初に伝える。
・答えにくい質問は、変えてもらったり、質問の意図を聞いたりする。

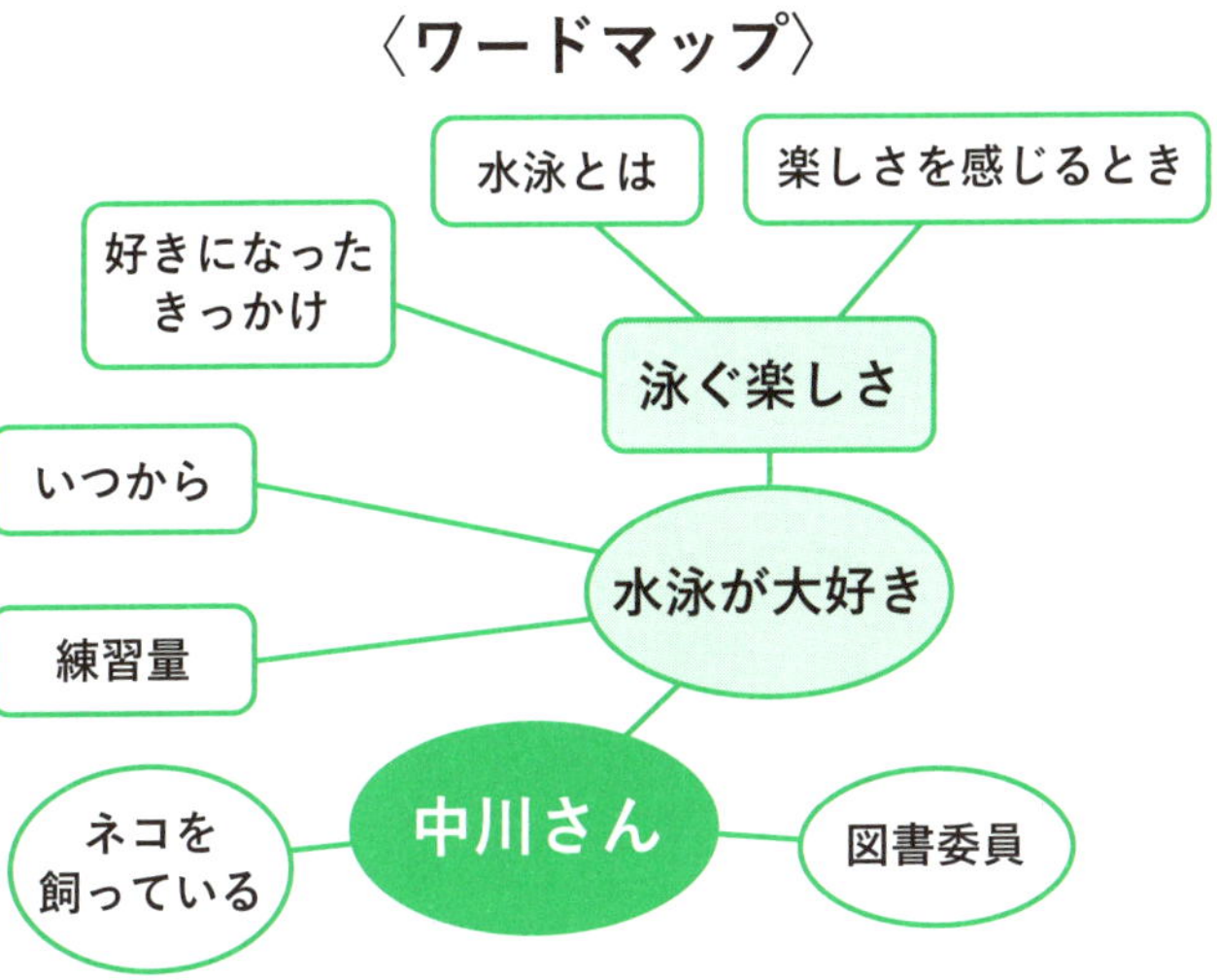

【記録者】

・二人のやりとりを正確に聞き、要点をメモにまとめる。
・聞きとれなかったら、確かめる。

ひとくちに「聞く」といっても、役割によって聞き方が違うのです。

たとえば、話し手なら、聞き手が知りたいことは何かを考えながら質問を聞く、という力が求められます。

でも、これができない人が意外に多くいます。こちらが聞いた質問に対して見当外れな答えが返ってきたり、何の話だか理解できなくなるほど長々と説明されたり……。

そういうとき、「あれ？　この人、大丈夫かな？」と面食らったり、「うわ～、この人、面倒くさい」とちょっと距離を置きたくなったりしますよね。

また、あなたと誰かが話しているのを第三者が聞いていたとします。二人は意見を伝え合っていただけなのに、その人は勝手にケンカをしたと思い込み、「あの二人、大喧嘩していたよ！」とあらぬ噂を立てられたらどうでしょう？　困りますよね。

第三者には、「記録者」の立場で正確に聞いてほしいですよね。

このように、立場に応じた「聞く力」を持つことは、ビジネスでも日常生活でも、非常に大きな意味を持つのです。いろいろな「聞き方」があることを意識することで、あなたのコミュニケーション力は劇的に磨かれていきます。

ポジションチェンジで客観視する力を育てる

「A部長は伝えたことをすぐに忘れるからいい加減な人だ」

「Bくんは新入社員なのに質問もしてこない。コミュニケーションが下手なヤツだ」

どこの職場でも聞こえてきそうな声ですね。

でも、あなたがA部長に話しかけたとき、他の大事な仕事に取り組んでいて、そっちに頭がいっぱいという状況だったらどうでしょう？

たまたまあなたが話しかけたタイミングが悪かっただけかもしれません。

また、新入社員のBくんが周りを頼ってこないのはなぜでしょう？

もしかすると、忙しい先輩たちに気を遣って、「こんなことで先輩に時間をとらせてはいけない。なんとか自分で解決しなきゃ」と頑張っているのかもしれません。

人とコミュニケーションを図るときは、自分だけの世界に陥らないことです。自分と相手は違う存在であることを認め、「相手の立場」や「状況を理解する」姿勢が不可欠です。

しかし、それは理解できても、実際、「相手の立場に立って考える」というのは、なかなか難しいもの。

「**ポジションチェンジ**」という言葉を聞いたことはありますか？

自分の立場を変えることによって、相手や第三者の見方や感じ方を体感するワークのことです。

人には「自分の視点」「相手の視点」「自分と相手以外の第三者の視点」の三つの視点があります。

それぞれの立場を体感することで、今まで気づかなかったものの見方に気づくという、相手理解や人間関係の改善に役立つ手法で、実際にやってみると効果は一目瞭然です。

実は私たちは、こうしたことを6年生のときに体験しています。「学級討論会をしよう」という授業で、その練習をしているのです。

中村さんのクラスでは、「学級文庫にまんがを置いてもよいか」という議題を挙げ、まんがを置いてもいいという立場（肯定グループ）と、置かないほうがいいという立場（否定グループ）に分かれ討論をします。

①主張

肯定

まんがを置いていいと思います。理由は二つあります。一つは、学級文庫を楽しくしたいからです。まんがを置けば、きっと楽しい学級文庫になって、利用する人が増えます。もう一つは、まんがをきっかけに、他の本も意欲的に読むようになると予想できるからです。

否定

まんがを置かないほうがいいと思います。

学級文庫は、家ではなかなか読まない、学習に役立つ本を読む場にするべきだと思うからです。学級文庫にまんがを置くと、家でも学校でもまんがばかり読むことになってしまうと思います。

②質疑応答

肯定

聞く

肯定グループに質問します。学級文庫の役割を考えると、楽しいだけのまんがはよくないと思いますが、どうですか。

まんがには、例えばここに持ってきたもののように、歴史や伝記をあつかったものなど、楽しみながら学習に役立つものがあります。学級文庫にふさわしいものを選べばいいと思います。

否定

聞く

否定グループに質問します。学級文庫にまんががあると、なぜ、まんがばかり読むようになると思うのですか。

ぼく自身、まんがはいくらでも読めますが、字ばかりの本は難しそうで、なかなか読む気が起きません。何人かにきいたところ、同じように感じる人が多かったので、きっとまんがばかりが読まれるようになるのではないかと思ったのです。

そのとき、肯定グループと否定グループ、そして討論会を進める役割の人（司会・記録係・時間管理係を各一人ずつ）と討論を聞くグループ（最後に結論を出す）の四つの役割を決めます。

ここでは、自分はまんがを置くことに賛成だから肯定グループにつくというのではなく、自分自身の考えは横に置いて、肯定・否定の両面から考えることによって、より多くの人が納得できる解決策を見つけることが学習の目的となっています。

主張するグループは、その理由として、特に説得力のあるものを整理して伝えるようにします。

一方、討論を聞くグループは、それぞれの主張を受けて疑問点を整理し、質問するようにします。

双方の主張・質疑応答は前ページにまとめたとおりです。

ここで何を学ばせているかというと、立場を明確にして主張し合うことで、考え方

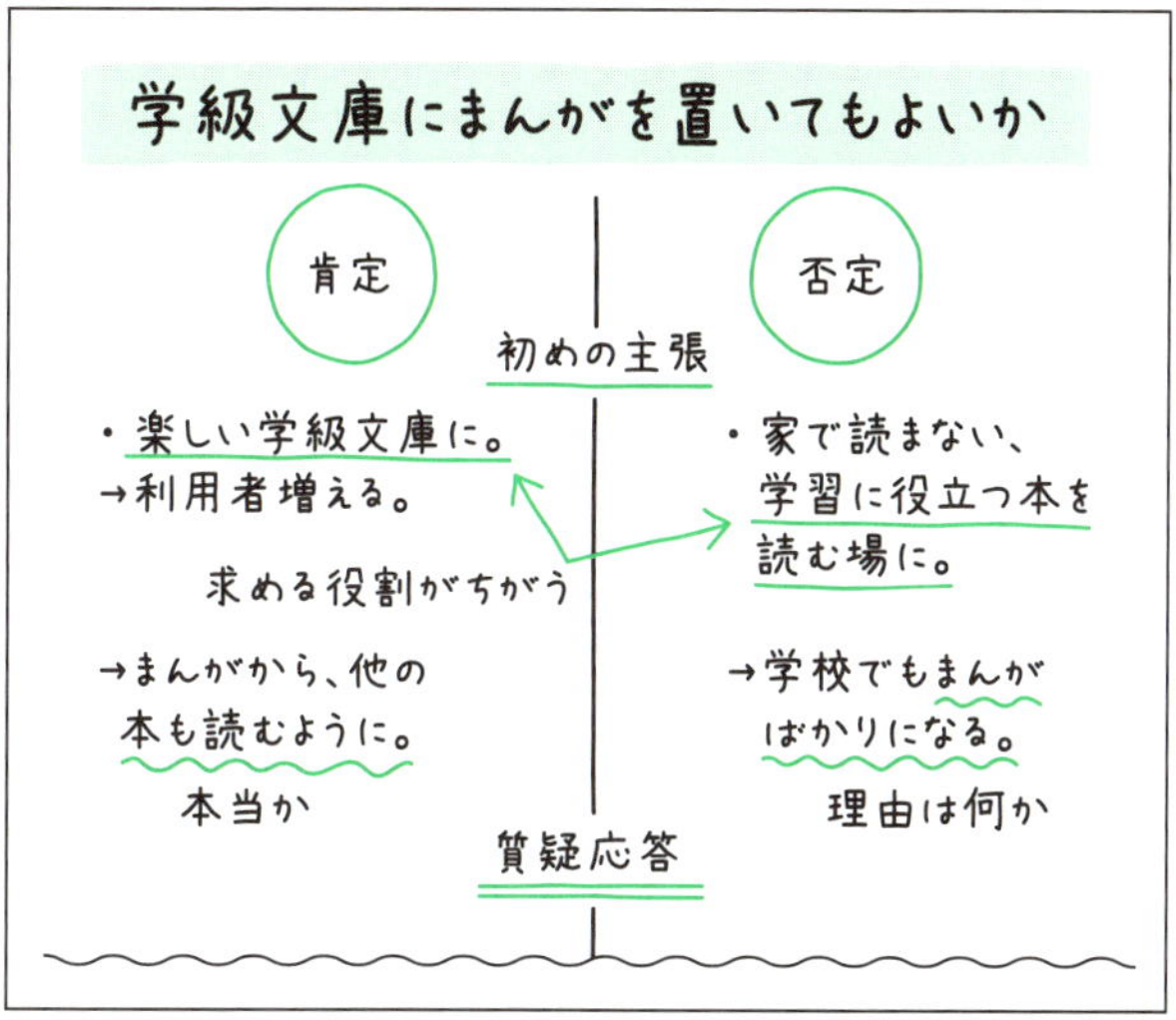

■「討論を聞くグループ」の中村さんのメモ

やものの見方を広げる学習をしているのです。

それぞれの立場に立って、物事を考える練習をしているといってもいいでしょう。

こうした練習をさせることで、「自分の視点」だけにとらわれず、「相手の視点」や「第三者の視点」を持つことが大事であることを学んでいます。

このように「客観視する力」を育てることで、相手に対する思い込みがなくなり、人と感情でぶつかることが少なくなります。

リサーチで押さえておくべき二つの情報

ビジネスでも日常生活でも、人に何かを説明することがあります。営業マンなら自社商品の説明は欠かせませんね。自社商品のアピールは、個人に対してすることもあれば、セミナー会場など大勢の人が集まる場所ですることもあります。

個人に対してでもそうですが、特にセミナーなど大勢の人を対象にアピールするときは、伝えたい内容を事前にしっかり準備する必要があります。

しかし、そのときに意外と見落としがちなのが、**相手（聞き手）の「理解レベル」や「理解の範囲」のリサーチ**です。

塾経営者が集まる業界セミナーで、映像教材（e-ラーニング）を売り込むとします。もともとその商品に興味がある人が集まるセミナーであれば、「今、世の中では映像教材が注目されていて……」といった話はすでに知っているので、そのことを長々と話されては退屈です。

それよりも、その商品のどこが優れていて、他社の商品とどう違うのかといった説明をしてほしいと思うでしょう。

一方、映像教材についてほとんど知識がない人が集まるセミナーであれば、まずは映像教材とはどういうものなのかという話から始まり、それを導入することによって、塾経営がどう変わっていくのか？　人員削減につながるのか？　生徒募集につながるのか？　などの説明が求められるでしょう。

このように、同じ商品をアピールするのでも、相手の理解レベルや理解の範囲によって、そのアプローチの仕方を変えていかなければなりません。

具体的にどう準備をすればよいのか？

予約制のセミナーであれば、参加を募るときに「映像教材を知っているか？」「どのくらい興味があるか？」「どんなメリットを期待しているか？」などのアンケートを用意し、**事前に聞き手の状況をリサーチ**しておきます。

それが難しければ、セミナーの最中に、「この中で映像教材に興味を持っている方はどのくらいいますか？　聞いたことはあるけれど、よくわからないという方はどのくらいいるのでしょうか？」と手を挙げてもらい、**問いかけながらリサーチ**をしていく方法もあります。

いずれにしろ、聞き手がどういう状況であるか、何を求めているのかを知っておかなければ、相手のニーズをとり違えてしまい、ピントはずれな説明で終わってしまうでしょう。

相手が何を望んでいるのかを知ることが、ワンランク上の伝達につながるのです。

その話は誰に伝えたいのか？

4年生になると、「大勢の人に向けて説明して、わかりやすく伝える文章を書く」という授業があります。つまり、プレゼンです。

ここでは、来年からクラブ活動が始まる3年生に向けて、その楽しさを伝えるリー

〈わかりやすく伝える〉

決めよう・集めよう
❶説明する相手と内容を決める。

↓

組み立てよう
❷文章の組み立てを考える。

↓

書こう
❸説明する文章を書く。

↓

伝えよう
❹リーフレットの形にして、読み手に伝える。

（4年生・下「『クラブ活動リーフレット』を作ろう」より）

フレットを作ることにしました。
まず、クラブの魅力が伝わるように、よい点を挙げていきます。
一輪車クラブでは、「一人ひとりが

上手になるおもしろさ」と「全員で息の合った動きをする楽しさ」が挙がりました。

次に、文章の組み立てを考えます。

伝えたい相手にそのよさを効果的に伝える構成は次ページのようになります。先に述べた「伝わる型」と同じです。

たとえば、あなたが営業先で自社商品のよさを一生懸命説明しているのに、相手の反応がイマイチということはありませんか？

それはおそらく、相手が求めているものと説明内容とがかみ合っていないのでしょう。

世の中には、さまざまな人がいて、多様な考え方があります。また、会社という組織にもそれぞれ風土や価値観に違いがあります。

だから、「中小企業の求めているものはだいたい同じだろう」とか、「前はこのトークで契約がとれたから、今度もいけるだろう」という考えでは、相手の心を動かすことはできません。一つひとつアピールの仕方は違うはずです。

初め	中	終わり
一輪車のクラブには、「よい点①」と「よい点②」がある。	「よい点①」を伝える写真 「よい点①」について ・一人一人が上手になるおもしろさ。 ・できるわざがふえると、さらに一輪車が好きになる。 「よい点②」を伝える写真 「よい点②」について ・全員で息の合った動きをする楽しさ。 ・仲間と協力し合ってわざができるようになるところにやりがいがある。	まとめ

営業先で、「あれ？　もしかして空回りしている？」と感じたら、相手がその商品を本当に欲しがっているのか、ターゲットの再確認をしましょう。

少しでも関心があるようだったら、その相手にとってのメリットや欲しがっている情報は何かを考え、わかりやすく説明するように心がけましょう。

「私、営業に向いていないかも……」と思う前に、ターゲットの再確認とアプローチの仕方を変えてみてください。

相手を知るために必要な二つのリサーチ

相手を知るには、2種類のリサーチ方法があります。

一つは**相手が置かれている立場や状況を知るための外的リサーチ**、もう一つは**相手の気持ちや求めていることを知るための内的リサーチ**です。

外的リサーチとは、営業先の会社のホームページを見る、相手企業が今抱えている問題を調べる、プロジェクトにおけるその人の置かれている状況や立場を知るなど、外から調べ、観察をすること。

内的リサーチとは、相手に直接質問をし、その人が今どういう心理状況で、どんなことを求めているかなど内面を探ることです。

このリサーチは**「外的リサーチ」→「内的リサーチ」の順番で行います**。これを逆に行ったり、「外的リサーチ」をせずに、いきなり「内的リサーチ」から始めるとうまくいきません。

たとえば、「部下がなかなか言うことを聞かなくて困っている」という問題を相手が抱えていたとします。話を聞いたときは、なんとなく相手の気持ちがわかったような気になりました。

でも、どうでしょう。同じ悩みでも、中小企業の社長と大手企業の係長の置かれている状況は同じでしょうか。違いますよね？

相手が置かれている状況を知らずに、先に内的リサーチをしたところで、相手のこ

〈説得力のある推薦をする〉

決めよう・集めよう

❶求められていることを確かめ、すいせんするものを決める。
❷すいせんする理由をはっきりさせて、整理する。

話そう・聞こう

❸スピーチの内容や構成を考える。
❹スピーチをする。

つなげよう

❺気づいたことを伝え合う。

（5年生「すいせんします」より）

とを「わかったつもり」にはなるかもしれませんが、本当の意味で「わかった」ことにはなりません。

相手を知るには、外的な観察と内面の聞き取りがあって、はじめて「わかる」という状態になるのです。

相手を説得する話し方

5年生では143ページで紹介した、「提案書の作成と発表」の学習の後、さらに効果的に伝える練習として、「説得力のある構成を考え、推薦する」ことについて学習会を開きます。活動の流れは上の図のとおりです。

推薦とは、求められていることに対して、自分がよいと思うことや人物を他の人にすすめることです。自分がよいと思ったものを聞き手に受け入れてもらえるように紹介することは、プレゼンや企画営業と同じです。

野口さんの学校では、毎年ふるさとについて学ぶ学習会をしており、今年はその先生をクラスのみんなで推薦し合い、決めることになりました。

学習会の第一の目的は、地域について知ることです。また、みんなが楽しみながら学べるスタイルとして、何か体験するような内容にしたいという意見も出ました。

そこで、郷土料理を研究している関春子さんに先生をしてもらうのはどうかという声が挙がりました。

関春子さんは野口さんの家の近くに住んでいて、関春子さんなら引き受けてくれるだろうと思ったからです。

しかし、クラスのみんなに認めてもらうには、「野口さんが関春子さんを知っている」だけでは、説得的でありません。そこで、関春子さんを推薦する理由を考えてみます。

野口さんのカード

すいせんしたい人
関春子さん
・きょうど料理の研究家

〔すいせん理由〕
◎料理教室の先生だから
・実際に料理を教えてもらえる
・体験できるものがいい（クラスの人の意見）

〔すいせん理由〕
◎きょうど料理が上手だから
・秋祭りのいろいろな料理
→ちいきの料理を、初めて知ることができた

説得力のある理由を挙げるために、次の内容をカードに書き出します。

- **実際に体験したこと**
- **調べてわかったこと**
- **推薦する人が受けている評価**

推薦する理由を整理すると、

①「関春子さんは料理教室の先生だから、話を聞きながら、料理も教えてもらえる。体験できる内容にしたいというクラスの意見に応えられる」

②「秋祭りのときに、この地域に郷土料理があることをはじめて知った。学習会の目的は地域について学ぶこ

とだから、郷土料理を通じて地域のことが学べると思った」

③「野口さんの家の近くに住んでいるので、学校にも近く、来てもらいやすい」

などが挙がりました。

次に、スピーチの内容や構成を考えます。そのとき、聞き手が納得できるように伝えるには、どういう順番で話したらよいか、どんな資料を見せると効果的かなどを話し合います。また、予想される反対意見にどう答えるかなどもしっかり準備しておきます。

今回は、秋祭りのときの料理の写真を見せることにしました。

スピーチでは、はじめに「推薦する人（もの）」をはっきりと伝えます。ここでは、「関春子さん」です。関春子さんを知らない聞き手が、関春子さんがどんな人かわかるように紹介します。

次に、関春子さんを推薦する理由を項目ごとに整理し発表します。このときに、理由が効果的に伝わるような体験や事実を入れるようにします。

野口さんのスピーチメモ

関春子さん
〔関さんのしょうかい〕（写真1）
・きょうど料理の研究家
〔理由①〕ちいきのことについて学べるから
・秋祭りのときの料理（写真2）
↓このちいきの料理を初めて知った。
・学習会の目的……ちいきについて学ぶこと
↓きょうど料理でちいきのことを学べる。
〔理由②〕料理教室の先生だから
・お話を聞きながら、料理も教えてもらえる。
・クラスの意見↓「体験できる内容がいい」
・最近先生になった↓教え方がうまいと評判
・やさしくて、話しやすい↓質問しやすい
〔理由③〕となりに住んでいるから
・学校に近いので、来てもらいやすい
☆関さんは、学習会の先生にぴったり
ぜひ、関さんにお願いしましょう。

初め
・すいせんするものをはっきりさせる。
・聞き手に分かるように紹介する。

中
・理由のまとまりごとに整理する。
・理由が効果的に伝わるような、体験や事実の入れ方を考える。

終わり
・もう一度、すいせんするものを確認する。
・理由のまとめや、付け足しをする。

そして最後にもう一度、「だから、関春子さんは学習会の先生にぴったりだと思います」というように、推薦する目的に合った人（もの）を伝えます。

いかがでしょうか。「プレゼンが苦手」とおっしゃる方は多いですが、実は私たちは小学生のときに、すでにプレゼンのやり方を学んでいたのですね。

ここで気をつけなければならないのは、**人に何かをすすめるときは、自分の考えや感情だけでは、相手は納得しない**ということ。

求められていることに対して、それが本当にマッチしているか、事実や効果を整理し、十分に検討することが大事です。

その理由がしっかりしていれば、相手も納得してくれます。つまり、**目的の一致と相手にとっての価値を考えること**が大切です。

プレゼンも企画営業も、最終的に相手に「なるほど」と思わせれば成功です。そのためには、相手が納得する論理的なストーリーが欠かせないのです。

論理的な伝達には「思いやり」が不可欠

仕事で専門的な分野を扱っていると、その職場では同じ知識を持つ人たちが集まるので専門用語が飛び交います。

たとえば、出版社で働いている人なら「ここの写真は後から入るから、とりあえずヨコ位置でアタリケイをつけておいて」と伝えれば、誰もが理解できるでしょう（アタリケイとは、レイアウトを組む際に一時的に記しておくもの）。

しかし、その業界にいない人にとっては、「えっ？　アタリケイって何？」と理解できませんよね。

人に話をする第一の目的は、相手に伝わることです。ですから、相手に伝わる言葉で話さなければなりません。

相手に伝わる言葉とは、相手のことを考えて、相手がわかる言葉で話すこと。つまり、**論理的な伝え方には、「思いやり」が不可欠**なのです。

「えっ!? 論理に思いやり? なんかイメージが違うなぁ〜」と感じるかもしれません。

世間では、論理的な人というと、話し方に隙がなく、クールな人をイメージすることが多いようです。

でも、論理的な話し方ができる人は、常に相手に届くことを意識して話をします。

それは「思いやり」がなければできません。

論理的な人と理屈っぽい人の違いはそこにあります。

では、思いやりのある話し方とはどういう話し方をいうのでしょう?

ゆっくり話す?

具体的に話す?

答えは**「ひらがな言葉で話す」**ことです。別の言葉に言い換えると、「やさしい言葉で話す」とでもいえばよいでしょうか。

近年のニュースでは、やたらとカタカナ言葉が使われていると思いませんか？「イノベーション25」や「子育てフレンドリー」など、やたらとカタカナ言葉が使われていますよね。

こうした言葉は格好よく聞こえますが、冷静になって考えてみると「結局、それってどういうこと？」と〝？〟がいっぱいなことが多いです。

また、日本語には漢字がありますが、漢字は書いたり読んだりするには理解しやすいけれど、言葉だけで聞くと、「思考」や「志向」のように同じ発音で違う意味の言葉もあり、聞き手を混乱させることがあります。

もちろん、話の前後をよく聞いていれば、それがどちらなのかわかるものですが、聞くほうは常に集中していなければならないので疲れます。

「熟考」など目で見れば理解できる言葉も、耳だけで聞くと「じゅっこう……？」と一瞬何のことを言っているのかわからなくなることがあります。つまり、カタカナ言葉や漢字は、会話では理解しにくいのです。

「ひらがな言葉で話す」というのは、誰にでも伝わるようにわかりやすい言葉で話すこと。同じ内容でも、漢字やカタカナをひらがなに置き換えてみると、あなたの話はグンと伝わりやすくなります。意外と頭を使うので、意識して取り組みましょう。

相手に応じた言葉を選ぶ

同じことを私たちは5年生で学んでいました。
あなたは、次のお知らせを1年生に向けて書くとしたら、どのように書きますか？

・校外学習で、こん虫採集に行くにあたり、各自が適切な容器を持参すること。

（5年生「分かりやすく伝える」より）

同じ内容を伝えるときでも、相手に応じて、使う言葉や表現を選ぶ必要があります。

1年生に「校外学習」や「各自」という言葉は伝わるでしょうか？

「遠足」や「一人ひとり」にしたほうが伝わりやすいと思いませんか。

また、「持参すること」という表現は、1年生には少し厳しい表現のように感じます。「もって行きましょう」くらいのほうがいいかもしれません。

授業では、こうしたことを友達同士で話し合います。そのとき注意しなければいけないのが、言葉の意味をとり違えることです。

言葉を書き換えることで、表す内容が変わ

ってきてしまうことがあります。別の言葉に置き換えるときは、表す意味が変わっていないかどうかをよく確認して決めるようにします。

状況を的確に伝えるための「てにをは」

倉庫会社に勤めるAさんのところに、B部長から電話がかかってきました。

「Aさん、えーっと、明日、田中さんが、先週、えーっとあの荷物……、えーっと、ほら山田さんに頼まれていたあの荷物を倉庫に持って来るから、着いたら報告してくれ」

しかし、AさんにはB部長が何を伝えたかったのかが、さっぱりわかりません。

田中さんと山田さんが何だって？

で、誰に報告するって？

で、私はどうしたらいいんだって？

ビジネスでは、人に指示を出したり、指示を出されたりすることが日常的にあります。「Aさん、この用紙を10部コピーしてください」と指示されれば、間違えることはまずないでしょう。

しかし、中には何が言いたいのかわからないような指示をしてくる人もいます。

この場合、悪いのはAさんではありません。Aさんがわかるようにきちんと指示ができないB部長に問題があります。

では、どう言ったらAさんにうまく伝わったのでしょう?

鍵は「てにをは」を正確に使うことにありました。

「Aさん、明日、君に報告をしてもらいたいことがあるんだ。先週、山田さん『**が**』うちにオーダーしてくれた○○『**を**』明日、田中さん『**が**』倉庫『**に**』持って来るから、君『**は**』それを受け取ったら、私『**に**』報告してくれ」

こう言ってもらえれば、Aさんも理解できますよね。

「何を言いたいのかわからない」と言われてしまう人の多くは、「てにをは」と呼ば

わに は あらう。

かお を あらう。

▼ぶんを つくりましょう。

［　］は、［　］を［　］。

（1年生・上「『は』『を』『へ』をつかおう」より）

れる助詞の使い方の問題が見られます。

Aさんが最初に、B部長の言っていることをうまくつかめなかったのは、この「てにをは」が曖昧だったからです。

正しい「てにをは」が使えると、人の動きと事柄を図や映像でイメージしやすくなります。

「てにをは」は1年生の早い段階で学習します。そのときの学習の仕方は、教科書にある絵を見ながら答えていくものです。

わにが顔を洗っている絵があれば、「わに『は』あらう。」、「かお『を』あらう。」といった感じで『□』の中を答えていき、最後に「わに『は』かお『を』あらう。」という文を作ります。

何をしているかというと、「てにをは」のそれぞれ持っている機能を図で捉える練習をしているのです。

「てにをは」という言葉は音のリズムで捉えがちですが、実は頭の中で映像を思い浮かべて、それにあった助詞を組み合わせるものなのです。

そういう練習を繰り返すことで、たとえば「お母さんが駅に行くから、あなたは駅で待っているのよ」という言葉を聞いたときに、その子どもは、「お母さん『**が**』駅『**に**』行くので……と**お母さんと駅の間に矢印を描ける**ようになります。

「が」と「に」の段階で、「に」にいる相手は動かない。「が」が「に」に向かう。だから、「私『**は**』駅で待っているのだな」と頭の中で映像を浮かべられるようになるのです。

はをへを　つかおう

かわに、わにが　すんで　いた。
わには、かわから　かおを　だし、
どこへ　いこうか、かんがえた。
わには、きしべに　ねころぶと、
なにを　しようか、かんがえた。

そうやって、一つひとつを映像にして浮かべられる人は、人が何人登場しても、それぞれの動きが整理できるので、人にもわかりやすく説明することができます。

ところが、先ほどのB部長は、自分が思いついたままに話すことしかできず、聞き手を混乱させてしまっているのです。

そういう人は、まずは自分の頭の中で人物の位置関係も加えた状況マップをイメージする練習をしてみましょう。そして、それに応じた正しい「てにをは」を使うようにすれば、話がすっきりとまとまり、聞き手に伝わりやすくなります。

それと、もう一つ気をつけなければならないことがあります。

人に何か指示をするときは、その相手を中心にして話を進めることです。

いくら正しい「てにをは」を使って説明したところで、その話があまりにも長いと、聞き手の集中力は持ちません。ですから、ここでもまずは「結論」から先に言いましょう。

伝えにくいことを伝えるには？

６年生になると、もう一歩進んで「伝えにくいことを伝える」という授業があります。

ときに、私たちは少し伝えにくいことを人に伝えなければならないことがあります。同僚の仕事ぶりに改善をうながすときなどは、まさにそうですね。

教科書では、ボールの使い方に関する場面を例に挙げて学習します。

そして、伝え方の例として次の三つが挙げられています。

ボールはクラスに一つしかないのに、いつも使う人が決まっている。みんなで使ったほうがいいと思うんだけど、どう言ったらいいだろう。

❶いつも自分たちだけがボールを持っていくのはずるい。自分勝手だよ。
❷いいなぁ。私もボールで遊びたいなぁ。
❸他にもボールを使いたい人がいるんじゃないかな。使い方のルールを決めようよ。

①は言い方がきついし、表情も怒っているので、これからケンカでも始まりそうな感じです。
②は遠慮して言っているので、相手に伝わりにくいように思います。
③は自分の言いたいことははっきり言っているけれど、顔が笑顔なので、素直に聞きたくなります。

伝えにくいことを伝えるには、相手に正確に伝わり、かつ冷静に受け止めてもらえるように、言葉や表現を選ぶ必要があります。また、自分の伝えたいことを伝えるだけではなく、相手の主張も聞き、話し合うことも大切です。

実は、対人トラブルは、こうした相手の話し方や表情などの見た目の印象から始まることが多いのです。

人とうまくいかないなと思ったら、自分の言動は相手を不愉快にさせていないだろうか？　と振り返ってみるといいかもしれません。

逆に考えれば、声のトーンや表情、振る舞いを意識することで、相手に好印象を与えられるということです。

ビジネスでは論理的な伝え方が必要ですが、言葉や内容ばかりにこだわると、冷たいだけの印象を相手に与えてしまい、よい人間関係が築けないこともあります。

だからこそ、言葉以外のコミュニケーションも大事にしてほしいと思います。

論理力とは、突き詰めればお互いが気持ちよい関係でいられるためのものなのですから。

5時間目

▼

実践！
あの名門中学受験にチャレンジしよう

最後の5時間目は、4時間目までの授業で、みなさんが論理力をどれくらい使えるようになったか、実際の中学入試問題にチャレンジする時間です。

深く考える力が必要な問題と機械的に解答できる問題の2パターンを用意しました。1時間目に参照した筑波大学附属駒場中学校に続けて、東大合格者数日本一を30年以上続ける開成中学校、人気校の明治大学付属中野八王子中学校、巣鴨中学校の入試問題です。

文章レベルが高いことはもちろん、設問が求める読み取りレベルが非常に高いため、一般の小学生ではとても歯が立たない入試問題となっています。

ただ、この問題を通じてわかっていただきたいのは、その難しさではありません。これほどに文章を深く読み取らねばならない問題であっても、「把握」→「思考」→「伝達」の手順を一歩ずつ進めていけば、必要な情報が集まり、適切な判断と解釈が行えるということです。ここでは、各中学校の入試問題から特徴的な設問を2問ずつ選んで見ていきたいと思います。いずれも、本書で見てきた論理力がまさに問われる良問ですので、復習の意味もこめて実際に解いてみましょう。

Let's challenge!

筑波大学附属駒場中学校〈平成26年度〉

一　次の文章を読んで、あとの問いに答えなさい。

みなさんは、親があれこれ口を出してくるのを、うっとうしく感じたことはありませんか？　あるいは、耳の痛いことをいってくる友だちに「放っておいてよ」と思うことがあるかもしれません。

なぜこんな「おせっかい」を焼くのかというと、人間は信頼に固執するからです。信頼しているからこそ、相手の考えていることや感じていることに共感したいのです。信頼していない相手と共感したいとは思わないですよね？　それは、人間が信頼できる関係が築ける大きさの集団を作り、その中で共感を育てていったことを見ても、はっきりしています。

［1］、最近は少し事情が変わってきました。大家族のしがらみや、共同体の人間がおせっかいを嫌って、自由を追求した結果、信頼も共感も薄まった社会、おたがいに頼りあうのが難しい、孤独な集団を作ってしまいました。

では、信頼や共感を土台にした、おせっかいを焼きあう社会に戻ったほうがいいのかというと、これもまた度が過ぎると、やっかいなことになる可能性があります。

たとえば、だれかと「おいしいね」といいあいながら食事をすると、幸せな気分になります。一見共感しあっているように見えますが、味覚は共有できませんから、相手も自分と同じようにおいしいと思っているかどうかは、本当はわかりません。さらにいうと、だれかと何かを共感できる能力に自己満足している面も、少なからずあるのではないでしょうか。

ですから、共感が過剰になると、暴力につながることもあるのです。「なんでわかってくれないの？」と、共感を強要していることに気づかないまま、愛が憎しみに変わってしまうように。①共感は「諸刃の剣」でもあるのです。

どうやら共感や信頼が薄まった孤独な社会も、共感や信頼が濃すぎる社会も、どちらも生きづらそうです。いったい、どうすればいいのでしょうか。

ぼくは、「自然」本来のつきあい方にヒントがある、と考えています。

［２］、ゴリラのフィールド・ワークをしていて、ぼくがピンチにおちいっても、ゴリラはぼくを助けてはくれません。そういう意味ではゴリラは冷たいといえるでしょう。

でも、つきあっていけばいくほど、そばにいることを許してくれたり、いっしょに遊んでくれたりすることもあります。そういう意味では、とても②懐が深いのです。

木の洞でぼくといっしょに雨宿りをしたタイタスは、家族が密猟者に襲われて、父親やたくさんの友人を殺されました。母親や姉さんは別の集団へ移り、ほかの二頭のオスととり残されてしまいました。ようやく乳離れをしたばかり、四歳のときのことです。彼にとっては、人間はどうしたって許せない「敵」のはずです。ぼくらが逆の立場だったら、かならずそう思うでしょう。

［３］、タイタスは「敵」であるはずの人間のぼくを信頼してくれて、無邪気で無防備な姿をさらしてくれたのです。ほかのゴリラも、仲間が人間に襲われても、敵に対するとは思えない態度で接してくれました。これを「覚えていないからだろう」といってかたづける人もいますが、そんなことはありません。彼らは記憶力がとてもいいのです。

それでもなお受け入れてくれる懐の深さは、やっぱり、彼らの、あるいは自然の持っているしなやかな力強さゆえではないか、と思うのです。

こういう、冷たくて懐が深い、しなやかなつきあい方を出発点に定めて、人間の社会をどう作っていけばいいか、考えてみたらどうでしょうか。人間は、ある意味ではもっと冷たくてもいいけれど、同時に、他者をもっと受け入れる懐の深さがあってもいい。

「受け入れる」ということを、頭で考えると難しいかもしれませんが、ぼくたちのいちばん身近にある自然＝自分の体に聞いてみると、わかりやすいかもしれません。

人間の体には、もともとさまざまな能力が備わっています。自然の中で暮らすことをやめてしまった今、使われていない能力もたくさんありますが、完全に失ってしまったわけではありません。まずは、どんなものなら受け入れられるのか、③自分の体に聞いてみる。そこからはじめればいいのです。

たとえば、ぼくらは、ケンカの罵声や、工事現場で機械がガチャガチャいう音はうるさいと感じますが、鳥のさえずりや秋の夜長の虫の鳴き声、子どもたちが遊ぶ元気な声をうるさいとは感じません。そういうことは、頭で考える前に、自分の体が感じることです。

自分の体に聞いてみることを意識しだすと、今の社会が、人間が本来豊かだと感じる社会からずいぶん遠くはなれてしまっているということも、これからどんな社会を作っていったらいいのかというヒントも、見つかるかもしれません。

それには、どうしても人間以外の動物がいないとダメなのです。やっぱり④人間を映し出す「鏡」が必要だというわけです。

ゴリラたちは、そのよき鏡になってくれると、ぼくは信じています。

（山極寿一『ゴリラは語る』より）

〈注〉固執…しがみついたり、こだわったりすること。
フィールド・ワーク…野外調査。

問三 ――②「懐が深い」とはここではどういうことですか。

問五 ――④「人間を映し出す『鏡』が必要だ」とはどういうことですか。

（全五問）

問三の解答

人間は父親やたくさんの友人を殺した、許しがたい「敵」であるにもかかわらず、「ぼく」を信頼し無邪気で無防備な姿をさらして、受け入れてくれたこと。

問三の解説

設問指示に「ここではどういうことですか」とあるので、いま話題として挙がっている「ゴリラのフィールドワーク」における具体的な事情を加味して解答します。

傍線部を含む一文全体を読むと「そういう意味では」とあるので、その前を見ると、「そばにいることを許してくれたり、いっしょに遊んでくれたりすることもある」ことを指して、筆者は「懐が深い」と言っています。

なぜそういえるのかは、文章の構成を考えて、傍線部の後を読めばいいと判断します。つまり、「タイタス」の話ですね。

人間は父親やたくさんの友人を殺した「敵」であること、にもかかわらず、「タイタス」は人間の「ぼく」を信頼し、無邪気で無防備な姿をさらしてくれたこと。その様子を指して筆者は、「受け入れてくれる」と表現していることを押さえます。

以上をまとめると、問三の解答が完成です。

問五の解答

今の人間社会の姿を見つめ、本来どうありたいかを考え、これからどんな社会を作っていけばいいのかを知るには、人間以外の動物の社会を見て比べてみることが必要だということ。

問五の解説

ここは、傍線部だけとにらめっこしていても、何を答えればいいのかは見えてきませんから、文に戻ります。

何が「やっぱり」なのかというと、一つ前の「それには～」の文を指しています。「それ」が何を指しているのか、前の段落を読むと、

「自分の体に聞いてみることを意識しだすと、今の社会が、人間が本来豊かだと感じる社会からずいぶん遠くはなれてしまっているということも、これからどんな社会を作っていったらいいのかというヒントも、見つかるかもしれ」

ないとわかります。

ここで「自分の体」とは、形式段落で三つ前まで戻って、「いちばん身近にある自然」のことであり、その「自然」とは、ゴリラたちの話をまとめる形で出てきていました。ということは、傍線部で「鏡」とされている「人間以外の動物」と、「自然」がつながります。

そして「鏡」とは、その前に立ったとき自分の姿がくっきりと見えるものですから、「人間以外の動物の社会に照らし合わしたとき、人間社会の姿が見えてくる」という関係も押さえます。

以上から、問五の解答をまとめます。

Let's challenge!

開成中学校〈平成20年度〉

［注意］字数制限のある問題は、テン・マル・カッコなどの記号も一字として答えなさい。

一　次の文章は、高見順の小説『わが胸の底のここには』の一節です。本文中の「私」は、中学校が今とちがって五年制だった大正時代に、東京府立第一中学校に入学しました。これを読んで、後の問に答えなさい。

中学生というものは、どこの中学校のでも、その教師たちに必ずあだ名をつけないではおかないが、そのあだ名のなかには、あだ名をつけられた当の教師の①シタを巻かせないではおかないていの機知に富んだものをしばしば見出すのである。当時の一中の校長は「ギャボ」というあだ名をつけられていたが、それは「逆蛍」の略で、蛍は尻が光っているのに校長は頭が光っているというところから来たものであった。図画の出歯の先生は鼻（花）より先に歯（葉）が出ているというわけで、「山桜」というあだ名だったが、実にどうもうまいものだ。人のいい中老の体操の先生は「豚《トン》ちゃん」という、むしろ愛称に近いあだ名をつけられていたが、小柄で肥《ふと》ったその肉体から来たもので、これはまた平凡だった。

この豚ちゃんは剣道の師範をも兼任していたのだが、その技の進んだ上級生を相手にすると、お面！　胴！　を盛んに食《く》らって、師範の面目は台なしだった。そんなときは、ホイ、一休みと言って、面をぬいで、薄い半白の髪をぺたりと撫でつけた頭からもうもうと湯気を立ちのぼらせて、

「ふむ。なかなかの上達だ。ふむ」

負け惜しみの②クチョウでなくそう言って、ニコニコしていた。なんとも言えない好々爺（＝人のいいおじいさん）ぶりであった。教師というより、おじさんといった感じで、

「おじさん、――はい、手拭い」

と、その豚ちゃんが赤い首を撫でくり回している汚い煮しめたような手拭いの代わりに、できれば氷で冷やした真白《まっしろ》なタオルでも持って行ってあげたいような気がするのだった。

その豚ちゃんは、どっちの足だったか、足の指が無かった。いや、無いのを誰も見たという者は無いのだが、足指の無い人に特有のその歩きぶりから、そして夏でも

白足袋を穿いて道場に立っていることから、つまり無いのを隠していることからしてかえって見たよりも確実に、そう信ぜられていた。

　ある日、道場で、

「よし、俺がたしかめてみる」

　と言い出す者があった。豚ちゃんに体当たりでぶつかって行って綿が詰めてあるらしい足袋の先を踏んづけてみようというのだ。その「冒険」は中学生たちの心を湧かせた。

「やれ、やれ」

「やって見ろよ」

　声援のやじ馬の中には私も加わっていた。

「よせよ、そんなこと」

　とめる者もいて、それはいよいよ悪戯心を煽るのだった。

「[1]よせよ。悪いよ」

「悪い？」

　とめた生徒は、この臆病者！　といった③シセンを浴びなくてはならなかった。

「やれ、やれ、悪いもんか」

　するとまたひとりが言った。

「教師を侮蔑した（＝ばかにした）というかど（＝理由）で停学でも食ったらどうする」

「かまうもんか！」

と言い出し手は決然として言った。こうなるといよいよ中学生の「勇気」は煽られる。彼はもはや選ばれた栄ある（＝りっぱな）チャンピオンであった。

　彼は豚ちゃんの前に進み出た。その背には得意の表情をたたえ正面は狡猾な慇懃《いんぎん》さ（＝ずるがしこく礼儀正しい態度）で、お願いいたします、――その意味のお辞儀をした。[2]私には彼のその「勇気」が無かったが、彼のオッチョコチョイのなかに私は自分のオッチョコチョイを託すことによって彼の内に自分を見ていた。

「さあ、来い」

　豚ちゃんは無邪気な声を出して竹刀を振った。齢のためかいくぶん前こごみの姿勢だった。

「さあ、元気出して、打ってこい」

　齢の割には若い、むしろ子供のような甲高い声だった。固唾を呑んで私たちは見守った。

「お面！」

「まだまだ。――それ、籠手が④アいている。それ、お面。――元気が無いぞ、元気が」

　はい、元気出してやります、そう言わんばかりに、しゃにむに打ってかかった。

「よしよし、その意気。さあ、こい」

謀られるとは知らず、豚ちゃんは相手の元気を、――乱暴を募らせた。

「お面！」

そのまま、悪辣な（＝たちの悪い）チャンピオンは肥った豚ちゃんの身体にぶつかって行った。

やった！

さすがに彼は竹刀をおさめた。ドギマギしたふうの豚ちゃんに、彼はお辞儀をして、ひきさがった。

――息を切らしながらの報告はこうだった。

「まるで、君、手ごたえ、おッと足ごたえが無くて、こうグニャリと、いやフワリとして、――気味が悪かったぞ」

陰険な好奇心を燃やしていた私だったが、彼のその言葉を耳にすると、3罪のない蛙でもこの自分が踏んづけたような何か生理的な不快を覚えた。

豚ちゃんは何事もなかったかのように他の生徒とまた竹刀をまじえていた。

「指が、みんな無いのか？」誰かが尋ねた。

「うん、無いな」

「どの辺から無いんだ」

「うん。指のところから無いな」


私はなんだか気持ちが悪くなってきて、その場を離れようとすると、私のうしろに立った背の高い生徒が、入れちがえに進み出て、

「おい！」

籠手をつけた手で、そのあくどい悪戯者の胸を荒く突いた。

「おい！　一丁やろう」

竹刀で床を威嚇的に（＝おどすように）トンと叩いた。

「僕、もう、いやだ」

悪戯者は、ひるんだ。「豚ちゃんとやって、もう、くたびれちゃった」

級でも有数の強い相手なので、そう言って避けたのだが、

「逃げるな。さあ、立て。正々堂々と勝負しろ」

挑まれて余儀なく立ち向かった。挑戦者の竹刀にはそれこそ殺気に近い怒気が漲っていて、はじめから悪戯者のほうはただじたじの格好だった。

「お面！」

4ピシリという音が小気味よく、――だが叩かれたほうの身になればさぞ痛かったろうと思われる、そしてあの焦げくさいような臭いがはたで見ている者の鼻にさえツンと感じられる、徹底的な音が道場中に響いた。

くらくらとしたふうで、よろめくと、つづけて、

「お籠手！　お面！」

そしてどんと猛烈な体当たり。

ついさっき豚ちゃんに悪戯の体当たりをしかけた悪戯者は、すでに道場の壁近くに追いつめられていたが、この時、どすんと壁に背をぶっつけて、へたへたとその場に崩折れた。

挑戦者はそれに対してなおも許さず、めったやたらと叩きまくった。

「参った。……」

「だめだ。立て！」

「もうごめん、ごめん」

「何を言うか、こいつ」

豚ちゃんが例の白足袋を穿いた足を不器用に走らせて、こらこらと抑えた。

「こら、道場で喧嘩をしちゃ、いかん！」

豚ちゃんは顔を真赤《まっか》にして怒った。

「参ったというやつをそう叩いたりしちゃならん。卑怯というもんじゃ、それは！」

「だって、先生」

先生のために膺懲し（＝こらしめ）ているのです、――叱られた生徒は言外にその意をふくめて、

「先生。こいつは……」

あとはさすがに口ごもって、

「先生。先生。……」

――5泣き声になっていた。

――中学三四年の頃だった。

（高見　順『わが胸の底のここには』より）

問二　――2「私には彼のその『勇気』が無かったが、彼のオッチョコチョイのなかに私は自分のオッチョコチョイを託すことによって彼の内に自分を見ていた」という部分からは、この時の「私」のどのような気持ちが読み取れますか。五〇字以内で答えなさい。

問五　――5「泣き声になっていた」とありますが、先生に叱られた生徒のこの時の気持ちを、想像して答えなさい。（注：解答欄は横9ミリメートル・たて193ミリメートル×4行分です）

（全六問）

問二の解答

別の者が確かめて自分に処罰が及ばないなら、先生の足指の有無を知りたいと軽薄な好奇心を抱く気持ち。

問二の解説

――②から、このときの「私」の気持ちがどのようなものであったのかを読み取り、五〇字以内で表現しなさいという問題です。

ここでそもそもの話をしておきたいのですが、国語において設問に答えるには手順があります。

一．設問を読んで、求められていることは何なのか、いくつあるのかを整理する。
二．求められていることに対応して何をすればいいのかを確認する。
三．要求に答えるために必要な情報を本文から探す。
四．情報を組み合わせて考える。
五．考えついた内容を設問が求めている形で表現する。

一〜三が2時間目で学習した「把握」ですね。一と二が把握における方針決定にあたります。設問が求めていることを理解できれば問題は半分解けたようなものですから、ここは丁寧に行っていきます。そして、三が情報収集と整理です。

次に四が3時間目で学習した「思考」、そして五が4時間目で学習した「伝達」です。

まず一段階目。何が求められているのか、いくつあるのか、設問の情報を整理してみましょう。

特に説明が必要な要素は、「その『勇気』」「彼のオッチョコチョイ」「自分のオッチョコチョイ」「託すことによって彼の内に自分を見ていた」の四つです。さらに設問の指示が、「私の気持ち」を考えなさいということですね。

二段階目は、それぞれの要素について何をすればいいのかを確認します。するると、設問のそれぞれの要素について行うべきことは次のようになります。

○「その『勇気』」
↓「その」が指している行動を押さえる。
「勇気」と「　」をつけて強調されていることから、言葉の表面的な意味とは異なるこの場面での「勇気」の意味を考える。
○「彼のオッチョコチョイ」「自分のオッチョコチョイ」
↓「オッチョコチョイ」が指しているものは何か、「彼」と「自分」に共通する点を考える。「オッチョコチョイ」という言葉は、「考えが浅い、軽薄な行動をとる」といった意味ですから、そのようなマイナス評価を受けることがらを押さえていきます。
○「託すことによって彼の内に自分を見ていた」
↓わかりやすく言い換えて説明する。

三段階目です。素材文に戻って情報を拾っていきましょう。補足知識ですが、気持ちを読み取る問題については基本手順が決まっています。

ステップ1　前提条件の整理

・登場人物の人物像
・登場人物のお互いの関係、感情
・時代背景
・これまでどのような出来事が生じてきたか

ステップ2　場面の確認
・いつ（日時）
・どこで（場所）
・何があった（出来事）
・どんな反応をした（行動・会話・表情・様子など）

ステップ3　前提条件と場面情報を総合的に判断して気持ちを考える
この手順も意識して素材文から情報を拾い出していくと、こうなります。
・先生は足の指がないことを隠していた
・生徒の一人が足袋の先を踏んづけて確かめてみようと言い出した

・私はやじ馬の一人として悪戯を煽っていた
・悪戯に対して「悪いよ」と止める者もいた
・悪戯を止めた生徒は「臆病者」と扱われた
・「停学でも食らったらどうする」との心配に対して「かまうもんか」と決然と答える姿と「勇気」が結び付けられている
・「陰険な好奇心を燃やしていた私」という表現が後に出てくる

四段階目、いよいよ「考える」段階です。まず「勇気」ですが、素材文中の言葉をそのまま使うと「停学などにかまいもせず先生の足の指がないことを確かめようとする気持ち」です。

ただこれでは、なぜ「勇気」と呼んだのか、そのニュアンスが伝わりません。ですから「停学などにかまいもせず」の意味を解釈します。学生にとって停学とは、問題行動に対して処罰を受けることを意味します。ここでの「勇気」は「処罰を恐れない気持ち」です。

では、「オッチョコチョイ」とはどういうことでしょうか。

この表現が指す行動は、「先生の足の指がないことを確かめようとすること」です。そしてこの行動が考えの浅いものであったと自覚した私は、自分の気持ちを「陰険な好奇心を燃やしていた」と表しました。

つまり、「先生を侮辱する浅はかな好奇心を持っていたこと」を「オッチョコチョイ」と表したのですね。

これらを押さえた上で「託すことによって彼の内に自分を見ていた」の意味を考えれば、「彼の行動を通して自分の好奇心を満たそうとしていた」と言い換えられますね。

五段階目で解答を仕上げましょう。五〇字以内という指定ですから、内容の充実が保てるよう、まとまりのある言葉を用いていきます。

「自分は処罰を恐れて行動できないが、別の者が確かめてくれるなら先生の足指があるかないかを知りたいと軽薄な好奇心に満ちた気持ち。」

内容はこれでよいのですが、字数がオーバーしていますから、さらに表現を工夫します。

「別の者が確かめて自分に処罰が及ばないなら、先生の足指の有無を知りたいと軽薄な好奇心を抱く気持ち。」で、四八字にまとまりました。

問五の解答

悪戯者の生徒が、自分の足指の有無をたしかめようとして足を踏んだことに気づいているにもかかわらず、先生はその卑劣さは責めず、むしろ降参した生徒をかばい、一方的に打つ生徒を一生懸命に諭した。そういう、公明正大でわけへだてなく生徒たちに情熱を注ぐ先生の心に感動するとともに、その先生がクラスの者の卑怯なふるまいにおとしめられたやるせなさで心が一杯になっている。

問五の解説

傍線5から「先生に叱られた生徒」の気持ちを「想像して」答える問題です。設問にわざわざ「想像して」と指定されていることに注意が必要です。この生徒の立場に立って、細やかに心の中をつかみ、説明することが求められています。

まず登場人物について押さえましょう。

「豚《トン》ちゃん」は「なんとも言えない好々爺」で、「できれば氷で冷やした真白《まっしろ》なタオルでも持って行ってあげたいような気がする」先生です。慕われている様子がわかりますね。

また悪戯心で向かってきた生徒に対しても、「無邪気な声を出して」「相手の元気を〜募らせ」ています。生徒をかわいく思う人のいい先生の姿です。

一方、「私のうしろに立った背の高い生徒」には、「殺気に近い怒気が漲って」います。「正々堂々と勝負しろ」という言葉に、正義感にあふれる生徒の人柄が感じ取れます。

次に出来事を確認していきます。悪戯をしかけた生徒が偶然を装って「豚ちゃん」の足指の有無を確かめようとしました。それに対し、「豚ちゃん」は「ドギマギしたふう」の反応を見せています。なぜそのような反応をしたのか、後で考えることにしましょう。

そのあと、正義感の強い生徒が悪戯者をこらしめようと、めったやたらと叩きまくります。そこに「豚ちゃん」が割って入り、「参った」と口にした者を叩くのは卑怯というものだと、その生徒を諭します。ただ諭すのではなく、「顔を真っ赤にして怒った」のです。

ここから「豚ちゃん」のどのような心が見てとれるでしょうか。

その先生の様子に対し、こらしめようとした生徒は「先生のために膺懲しているのです」と「言外にその意をふくめて」、先生に話そうとしますが、「こいつは……」のあとは「さすがに口ごもって」います。

なぜ「さすがに」なのでしょうか、何を「口ごもった」のでしょうか。そうして、「先生。先生。……」と泣き声になりました。


さあ、気持ちを読み解いていきましょう。

まず「豚ちゃん」が「ドギマギした」のは、悪戯者の生徒に足を踏まれた後です。「豚ちゃん」の特別の事情は「足の指がない」ことですから、生徒が自分の足を踏んで足指の有無を知ったと気づいたことが「ドギマギした」理由だと判断できます。

その生徒が叩きのめされているところに割って入った「豚ちゃん」は、あくまでも公明正大に、降参した生徒をかばい、一方的に叩く生徒に対しては人の道を説きます。生徒の育成に情熱を注ぐ先生の心が感じられますね。

正義感から先生のために悪戯者をこらしめようとした生徒は、どんな思いから泣き声になったのでしょうか。

ここで、「先生のためにした行動なのにわかってもらえなくて悲しかったから」としてしまってはアウトです。なぜなら「先生。こいつは……」と「さすがに」口ごもった理由が、それではわからないからです。

もし口ごもらなければ、何と言ったのでしょうか。「先生、こいつは先生の足指があるかどうかを確かめようとした、卑劣なやつです」といったところですね。でも、言えなかった。なぜなら、そのように口にすること自体が先生を傷つけてしまうからです。

あとは「先生。先生。」と繰り返すばかりですが、その先生は、生徒たちのことをわけへだてなく思う心を示してくれた人です。先生への深い敬意と、その先生がクラスの者の卑怯な振るまいにおとしめられたことへの悔しさ、やるせなさが募り、思わず泣き声になったと考えるのが適当です。

ここまで踏まえて、まとめると解答例のようになります。

Let's challenge!

明治大学付属中野八王子中学校〈平成24年度〉

二　次の文章を読んで、後の問いに答えなさい。

最近は、テレビはもちろん、インターネットなどを通して、知識があふれるばかりに入ってきます。

「情報過多」の時代と言われますが、今やそれは「知識過多」といっても過言ではない。①テレビのクイズ番組に出たら、私などまったくお手上げでしょう。

でも、ちょっと考えてみてください。手に入れたさまざまな知識は、では一体、何の役に立っているのか。というより、そのようなことをいっぱい覚えてどうしようというのか、と。

②自分自身を確立し、自分をみがくのに、どういう役割を果たしているのか。もちろん、知らないより多くのことを知っているほうがいいに違いありません。無知なることが、一番怖いことですから。そして、いろいろなことを知っていれば、仲間との話題にも困らないし、仕事のつき合いの潤滑油にもなるでしょう。

しかし、あえて聞きましょう。あなたは「もの知り博士」になりたいのか、あるいはそうではなく「教養のある大人」になりたいのか、と。

私が大事だと思うことは、③「知識」と「教養」とは違うということです。

テレビそのほかの影響もあって、「もの知り」と「教養」とを一緒くたにしている人がいるかもしれませんが、それは違います。

「あの人は博識だ」と言うのは、モノをよく知っているという意味では賞賛の言葉ですが、その人が人物として優れているかどうかはまた別の話です。

これに対して、「あの人には教養がある」と言う場合には、知識があるだけではなく、④その知識を生かしたプラスアルファを持っている評価が込められているのです。

わかりやすくするために、ちょっと単純化してみますが、たとえば「日本に仏教が伝来したのは五三八年」と知っているのは「知識」です。あるいは「六四五年は大化の改新」という年号をすらすら言えるのも知識でしょう。

受験勉強で、仏教の伝来は「仏の前にゴミは（五三八）

なし」、大化の改新は「蒸しご（六四五）はん、つくって願う大化の改新」などと一所懸命暗記した。

だけど、仏教が日本に来たことについていえば、仏教がどのように生まれて東進してきたのか――インドから起こってパキスタン、中央アジア、敦煌、朝鮮半島、そして日本と渡ってきた、大きな流れの中でとらえることができるのが「教養」だと思います。あるいはそこに、仏教美術の変遷までもふまえて話すことができる――⑤それが教養人なのだと思います。

こう言うと、そこまでいくと専門分野の話じゃないのか、と思うかもしれない。でも、専門分野とは本来、もっと深く一つのことを探究するものでしょう。

かつて大学の教養学科というのは、この専門分野に進む前の一般教養を身につけるためのものでした。

たとえば、歴史書には「どうやると物事は発展し、何をやるとダメになり、滅びてしまうのか」が書かれています。そのような事例を単なる知識として記憶するのではなく、お手本として学びながら自分の行動原理をつくり上げていく。

ですから、本来ならば、教養を身につけることは人間形成に非常に重要な部分を占めるはずのものです。

⑥残念なことに学生たちはこの教養課程を、ただ進級、卒業のための単位としか考えていない。

高校の延長程度の認識で、講義よりもアルバイトに忙しい学生もいるくらいです。特に頭が柔軟な若いときにこそ、教養の蓄積ができるのに、なんとももったいないとしか思えません。

ひとことではちょっと言い表わしにくいのですが、知識の広がりとでもいうのか、一つの知識から※派生するさまざまなことをも知っていて、それを自分自身の中で生かしている人、それが教養人だと私は考えています。

教養が何より重要だということを、私は※大伯父から教わりました。

私の大伯父は清水南山といって、東京美術学校の先生をしていた、当時、美術工芸家の第一人者とも言われた人です。

その大伯父が平素から話していたことは、

「美術学校に必要なのは、一般の大学へも入学できるような学力だ」

ということでした。大伯父は美術学校で教えた経験から、そう結論づけたのです。

というのも、美術学校に入ってくる、⑦「絵は上手だけれども、ほかの勉強は嫌いだ」というような学生たちは、技術的には確かに優れていても、そこから先へは進めなくなることが多かったからです。

本当の創作家となっていくためには、小手先の技術だけではどうしても頭打ちになってしまう。技術の上に創造性や独自性といった、まったく別のものを生み出していく力を持たなければ、本当の芸術家にはなれない、ということに大伯父は気がついたというのです。

技術だけがうまくても、それは専門バカにすぎない、と。そして私に「技術だけがいかに優れていても、そこに教養が伴わなければ、真の画家にはなれない。自分で考えるだけの教養がなければ、ものは生み出せないからだ」と教えてくれたのです。

しかし、大伯父のいう「教養」が本当にそれほど重要なものなのか、当時一〇代の私には理解できませんでした。

でも、私は素直に大伯父の話を受け入れ、わからないなりに、教養を身につけようと努力しました。

そして実際、それから人生のさまざまな場面でこの努力がムダではなかったこと、大伯父の言葉が本当に正しかったことを実感したのです。

これは、どんな※ジャンルのことにも当てはまると思いますが、誰でもどこかで壁にぶち当たります。特に若い時代、修行中の時代には、どうやってもうまく行かないことが多々出てくる。乗り越えなければならないとわかっていても、やればやるほど逆戻りしたりするものです。一歩手前まで来ているとわかっていても、その壁を破ることができない。焦りや不安で、夜も眠れなかったりするときもあるでしょう。

後々、人生を通観したときに、そこが分岐点だったという場合もある。こういう⑧人生の岐路において最も役立つのが、実は「教養」なのです。

まだ人生の発展途上の人には、ピンと来ないかもしれません。

それはそうでしょう。人生でこんな問題が起こったら、こういう教養が役立ち、別な問題のときには、こっちのものが役立つ、といったように受験勉強のようなわけにはいかないから。

でも、私の大伯父も、そして私も、長い人生の中で実感として教養の重要性を感じた。この事実は大きいと思います。

新しいものを生み出す力、それが教養なのです。そしてここが重要なポイントなので繰り返しますが、この教養を身につけるのは若くて頭がまだ柔軟なときが最適だということです。（以下略）

（平山郁夫「ぶれない」より　一部表記・体裁を改めた）

明治大学付属中野八王子中学校〈平成24年度〉

※派生する…もとになるものから分かれて生じる
※大伯父…祖父母の兄
※ジャンル…種類。分野

問三 ——③「『知識』と『教養』とは違う」とありますが、筆者は「教養」とはどのような力であると言っていますか。次の文の空欄にあてはまる言葉を文中から十字で抜き出して答えなさい。

教養とは［　　　］力である

問八 ——⑧「人生の岐路」とありますが、それを説明したものとしてもっともふさわしいものを次から選び、記号で答えなさい。

ア 人生の岐路とは、教養を身につける努力をしなければならない人生のさまざまな場面のことである

イ 人生の岐路とは、ぶち当たっても乗り越えなければならない問題の解決を求められる場面のことである

ウ 人生の岐路とは、人生のさまざまな問題に役立つ教養をどうやって身につけるかを考える場面のことである

エ 人生の岐路とは、若くて頭が柔軟なときに受験勉強をして、自分の将来を決めていく場面のことである

（全十二問）

問三の解答

新しいものを生み出す

問三の解説

「教養とはどんな力か」を説明している部分を素材文中から探せばいい問題です。10文字と限定もされているので、いかに素早く見つけ出すかの技術だけが問われています。つまり、この問題は「情報収集」の力が問われているのです。

見つけ方は、「教養」と「力」という言葉が近くに書かれている場所を探すこと。「教養」は文章全体に出てきますが、一文の中で「力」と一緒に出てくるのは最後から4行目の一か所だけ。「新しいものを生み出す力、それが教養なのです。」よって、ここが答えとなります。

問八の解答

イ

問八の解説

「人生の岐路」の説明としてふさわしい選択肢を選ぶ問題です。どれがふさわしいのかを判断するのは素材文の情報からですが、慌てて文章に目を移すのは得策ではありません。まずは選択肢それぞれの文を見比べてみます。紛らわしさの度合いを確認して、どの程度細かに素材文を読まなければならないのかをつかむためです。見比べるときは、「違い」に注目するのがコツです。

それでは、順にア〜エの文を見てみましょう。

ア　教養を身につける努力をしなければならない場面

イ　乗り越えるべき問題の解決を求められる場面

ウ　問題に役立つ教養をどうやって身につけるか考える場面

エ　受験勉強をして自分の将来を決めていく場面

違いがはっきりしているので、素材文の確認も難しくなさそうです。傍線⑧に戻って、その一文を読んでみると、さらにヒントがあります。

「こういう人生の岐路において〜」と指示語の「こういう」がありますね。つまりすぐ前に、人生の岐路の内容が書かれているということです。前の「これは、どんなジャンルのことにも」で始まる段落を見てみると、「壁にぶち当たります」「乗り越えなければならない」とありますから、イが答えです。

Let's challenge!

巣鴨中学校
〈平成27年度〉

二　次の文章を読んで、後の問いに答えなさい。

日本発の文化が世界のさまざまな場所に広がり、多くの人々に楽しまれている。

ポピュラーカルチャー（注・一般大衆が広く好む文化。ポップカルチャーともいう）では、ヨーロッパやアメリカの各地でアニメ・マンガフェスティバルなどのイベントが開かれ、多くのファンが集まっている。いっぽう、文学の世界では、村上春樹の作品は四〇ヵ国以上で翻訳され、いまや世界的なベストセラー作家になっている。

伝統文化も①負けてはいない。世界各地で歌舞伎の公演や相撲の巡業が行われると大人気となる。また、柔道や合気道などの武道や、日本食も、世界のさまざまな場所で日常生活に［X］づいている。

そのような、海外で日本発の文化が受け入れられている様子は、最近では国内でもマスメディアやインターネットを通して広く知られるようになった。海外で日本文化が評価されているというニュースは、日本に住む若い世代が日本文化を見直すきっかけにもなっているという。

それを受けて、最近、日本でも、「日本文化を世界に発信したい」という気運が高まりつつある。

まだ海外で知られていない日本文化の本当のよさを伝えたい。海外の新聞やテレビで伝えられている日本のイメージを見て、実際の日本の姿を伝えたい……。そのような思いから、「もっと日本文化を発信したい」と、情熱をもって取り組む人も増えてきている。「日本文化の発信」に関するプロジェクトもよく見かけるようになった。

しかし、アメリカに長年住んでいて、また、最近ドイツに一年滞在して、そのような日本からの「発信」を外から見ていると、②その情熱や努力にもかかわらず、期待したほどに成果があがっていないのではないか、と感じることがしばしばあった。日本では「日本文化を海外に発信した成果」と大々的にメディアで伝えられていることが、現地の視点から見たらそれほどインパクト（注・衝撃）がなかった、ということを間近に見ることもあった。

そのいっぽうで、日本では知られていなくても現地で受け入れられている文化紹介のプログラムに出会うことも、少なからずあった。たとえば、ドイツに住んでいたときに、日本文化のイベントで人気があったのは、日本人の落語家によるドイツ語の落語公演や、日本のサイレント映画（注・音響、セリフなどが収録されていない昔の映画）を活動弁士の説明で見せる上映会などだった。このような企画が海外で行われているということは、日本ではあまり知られていないのではないだろうか。

★振り返ってみると、世界の国々の日常生活のなかに日本発の文化が浸透するようになったのはそれほど古いことではない。

日本文学が「文学らしい」英語に翻訳されて英語圏の読者に広く読まれるようになってから、せいぜい一〇〇年程度しか経っていない。また、日本の哲学や、仏教などの宗教にしても、以前は「神秘的」とはいわれても、欧米の哲学や宗教からはワンランク下だと思われていた。しかし、そのような偏見は、もはやなくなりつつある。

そして、私の教えている大学にも、アメリカやヨーロッパだけではなく、台湾や中国、シンガポールなどのアジアから、中東から、そして南米から、日本文学や日本文化を学びたいと学生が集まってくる。その多くは、小さい頃から日本のアニメやドラマなどのポップカルチャーに触れたり、武道の道場に通ったりして、日本発の文化に親しんで育ったのだという。★

（中略）

もはや、④日本人が〈正しい〉と思っている文化のありかたそのままを海外に発信するだけでは十分ではないのではないか。

[B]、日本で生まれ、世界中で親しまれているもののひとつに、寿司がある。

ヨーロッパやアメリカでは、ヘルシー志向やアジア文化への関心もあり「ＳＵＳＨＩ」は大人気だ。特に最近は高級なスシ・バーだけではなく、回転寿司や若者向けのテイクアウトのスシが人気のようだ。パリの街では、いたるところにＳＵＳＨＩの看板を目にしたし、イギリスのヒースロー空港のスシ・レストランは旅行客でにぎわっていた。また、ドイツでは、スシ専門店だけではなく、中華料理やタイ料理のレストランの一角がスシ・コーナーとなっているレストランも少なくなく、アジア料理としてのスシの人気ぶりがうかがえた。

[C]、その味は日本人の味覚に合うものばかりではない。ドイツのライプツィヒに一年ほど住んでいたとき、市街地にテイクアウトのスシ専門店があった。ランチタイムに行列ができていたので、試しに食べてみることにしたが、日本では見られないネタの組み合わせのものも多く、私の好みには合わなかった。

このように世界中でさまざまなスシが生まれるようになって、二〇〇六年、農林水産省は、正統な日本料理を提供する海外のレストランを認証する制度を開始すると発表して話題となった。「正しい寿司の味」を世界に伝えたいという目的で立ち上げられた制度だったが、海外のメディアは、日本人は自分たちの食文化を海外に押《お》しつけるな、という論調で批判した。ワシントン・ポスト紙は「気をつけろ、スシポリスがやって来る」という表現を使い、「スシポリス」という言葉は日本国内のメディアでも話題になった。こうした反発を受けて、日本食の認証制度はとりやめとなった。

「正統な寿司」の味を知っている日本人が、世界各地のスシの味を、日本人の味覚に合うかどうかで判断するのは自然なことかもしれない。そのいっぽうで、世界に「正統な寿司」の味を押しつけることが、外国の寿司屋、とくに日本人でないスシシェフの反発を呼ぶことも理解できるだろう。（以下略）

（河野至恩『世界の読者に伝えるということ』による）

問4 「★振り返ってみると」～「育ったのだという。★」の範囲で筆者が言おうとしていることの説明として最も適当なものを次から選び、記号で答えなさい。

ア　日本文化は他国の文化よりも神秘的なので、海外の学生がすすんで日本文化を勉強していること。

イ　海外では実は日本文化がかなり浸透していて、外国のさまざまな人々が日本文化への興味や関心を抱いていること。

ウ　小さい頃から日本文化に親しんでいる外国人にとって、日本文化は完全に生活の一部になっていること。

エ　海外に日本文化が浸透するまでは、日本文化は欧米文化より遅れているとみなされていたこと。

問7 ――部④「日本人が〈正しい〉と思っている文化のありかたそのままを海外に発信する」という発想から作られたものの具体例としてどのようなものがあげられていますか。本文中から三十字以内で探し、はじめと終わりの三字を答えなさい。

（全9問）

問4の解答　イ

問4の解説

具体的に書かれた段落内容を要約する問題です。選択肢ですから、まずはア〜エの文を見てそれぞれの特徴を押さえます。

アは「神秘的」「勉強している」、イは「実は〜浸透していて」「興味や関心」、ウは「小さい頃から」「完全に生活の一部」、エは「欧米文化より遅れている」とあり、お互いの違いがかなりはっきりしていますね。簡単に解けそうです。ただ、★〜★の段落について聞かれているからといって、その段落だけ読んで考えようとするとうまくいきません。

この問いは「筆者が言おうとしていることの説明」を求めているのであって、段落に書いてあることを読んだあなたがどう考えたのかは求めていないからです。今、筆者が何の話をしているかを押さえた上で、この段落の役割を判断します。

一つ前の段落を見てみると、「そのいっぽうで、日本では知られていなくても現地で受け入れられている文化紹介のプログラムに出会うことも、少なからずあった」で始まっています。日本文化が知られているかどうかという話ですね。それを受けて最初の★の後、「日本発の文化が浸透するようになったのはそれほど古いことではない」と続いているわけです。

アは書かれていないから×、ウは「完全に生活の一部」が言い過ぎな上、内容自体がイの一部にすぎないため×、エは筆者の言いたいことと関係ないので×、正解はイとなります。

問7の解答

正統な〜る制度

問7の解説

具体例として、どのようなものが挙げられているかを探す問題です。

具体例とは、今説明しようとしている内容をわかりやすく伝えるためのものですから、すぐ近くに書かれているのが普通です。

ここでも直後の［B］をはさんで、「日本で生まれ〜寿司がある」と書かれているので、ここから具体例が始まっていることは明らかです。ちなみに、［B］

に入るのはもちろん「たとえば」ですね。

答えが書かれている場所は、「寿司」を例に挙げて説明しているここから後の部分に決まっています。あとは三〇字以内の条件に合う表現を見つけるだけです。

答えを絞り込む条件として、傍線④の「日本人が〈正しい〉と思っている」「文化のありかたそのまま」を意識すると、「農林水産省は、正統な日本料理を提供する海外のレストランを認証する制度を開始する」が見つかるでしょう。

〈正しい〉と「正統な」の対応にも目がいきますね。「正統な日本料理を提供する海外のレストランを認証する制度」の最初と最後の3字を答えて、「正統な〜る制度」が正解です。

ブックデザイン　ISSHIKI
DTP　Office SASAI
本文イラスト　高田真弓
編集協力　石渡真由美
制作協力　加藤彩

【著者紹介】

小川　大介（おがわ・だいすけ）

●――中学受験専門のプロ個別指導教室SS-1代表。Webサイト中学受験情報局『かしこい塾の使い方』主任相談員。

●――1973年生まれ。京都大学法学部卒業。在学中より受験国語の指導を開始する。カリスマ的な指導力を発揮し、最難関の灘中コースを担当。国語を苦手とする子どもたちから圧倒的な支持を集める。「生徒一人に一つの塾を」というコンセプトで、2000年より関西、東京にプロ講師による教室を展開。子どもが最速で最高の結果を出すためのコーチング技術や、心理療法的なアプローチを取り入れた独自の指導方法を開発。情緒的、感覚的な教科だと思われやすい「国語」という科目を、論理的にわかりやすく読み解き、なおかつどう学べば楽しいかという視点を意識した独特な指導により、毎年数多くの子どもを志望校へ導いている。大手進学塾での成績アップ率は3カ月以内で96.4%、難関中学合格者は累計8000人以上。中学受験情報局『かしこい塾の使い方』は全国の16万人のお母さんが参考にしている。ほかにテレビ・ラジオ・雑誌等各メディアで解説や評論、企業内における研修・指導技術提供などを精力的に行っている。

●――著書に『驚くほど国語力が伸びる! 学力が上がる! 小川式「声かけ」メソッド』(宝島社)、『頭がいい子の家のリビングには必ず「辞書」「地図」「図鑑」がある』(すばる舎)などがある。

論理力《ろんりりょく》は小学《しょうがく》6年間《ねんかん》の国語《こくご》で強《つよ》くなる　〈検印廃止〉

2016年6月1日　第1刷発行

著　者――小川　大介

発行者――齊藤　龍男

発行所――株式会社かんき出版

東京都千代田区麹町4-1-4 西脇ビル　〒102-0083

電話　営業部：03(3262)8011㈹　編集部：03(3262)8012㈹

FAX　03(3234)4421　振替　00100-2-62304

http://www.kanki-pub.co.jp/

印刷所――シナノ書籍印刷株式会社

ISBN978-4-7612-7175-6 C0037